中/华/少/年/信/仰/教/育

# 中国青铜器和瓷器

中华少年信仰教育读本编写委员会 / 编著

信仰创造英雄　信仰照亮人生

中国出版集团有限公司

世界图书出版公司
北京　广州　上海　西安

图书在版编目（CIP）数据

中国青铜器和瓷器 / 中华少年信仰教育读本编写委员会编著 . — 北京：世界图书出版公司，2016.5（2024.5 重印）
ISBN 978-7-5192-0867-7

Ⅰ. ①中… Ⅱ. ①中… Ⅲ. ①青铜器（考古）—中国—青少年读物②瓷器（考古）—中国—青少年读物 Ⅳ. ① K876.41-49 ② K876.3-49

中国版本图书馆 CIP 数据核字（2016）第 049017 号

| 书　　名 | 中国青铜器和瓷器 |
|---|---|
|  | ZHONGGUO QINGTONGQI HE CIQI |
| 编　　著 | 中华少年信仰教育读本编写委员会 |
| 总 策 划 | 吴　迪 |
| 责任编辑 | 张建民 |
| 特约编辑 | 邰迪新 |
| 出版发行 | 世界图书出版有限公司北京分公司 |
| 地　　址 | 北京市东城区朝内大街 137 号 |
| 邮　　编 | 100010 |
| 电　　话 | 010-64033507（总编室）　（售后）0431-80787855　13894825720 |
| 网　　址 | http：//www.wpcbj.com.cn |
| 邮　　箱 | wpcbjst@vip.163.com |
| 销　　售 | 新华书店及各大平台 |
| 印　　刷 | 北京一鑫印务有限责任公司 |
| 开　　本 | 165 mm×230 mm　1/16 |
| 印　　张 | 10.5 |
| 字　　数 | 137 千字 |
| 版　　次 | 2016 年 8 月第 1 版 |
| 印　　次 | 2024 年 5 月第 5 次印刷 |
| 国际书号 | ISBN 978-7-5192-0867-7 |
| 定　　价 | 42.00 元 |

版权所有　翻印必究

（如发现印装质量问题或侵权线索，请与所购图书销售部门联系或调换）

# 序　言

信仰是什么？

列夫·托尔斯泰说："信仰是人生的动力。"

诗人惠特曼说："没有信仰，则没有名副其实的品行和生命；没有信仰，则没有名副其实的国土。"

信仰主要是指人们对某种理论、学说、主义或宗教的极度尊崇和信服，并把它作为自己的精神寄托和行动的榜样或指南。信仰在心理上表现为对某种事物或目标的向往、仰慕和追求，在行为上表现为在这种精神力量的支配下去解释、改造自然界和人类社会。

信仰，是一个人在任何时候都不能丢的最宝贵的精神力量。人有信仰，才会有希望、有力量，才会树立正确的价值观，沿着正确的道路前行，而不至于在多元的价值观和纷繁复杂的世界中迷失方向。

信仰一旦形成，会对人类和社会产生长期的影响。青少年是社会的希望和未来的建设者，让他们从普适意识形成之初就接受良好的信仰教育，可以令信仰更具持久性和深刻性，可以使他们在未来立足于社会而不败，亦可以使我们的伟大祖国永远立于世界民族之林。

事实上，信仰教育绝不是抽象的、概念化的教育，现实生活中，我们有无数可以借鉴的素材，它们是具体的、形象的、有形的、活生生的，甚至是有血有肉的。我们中华民族有着几千年的辉煌历史，多少仁人志士只为追求真理、捍卫真理，赴汤蹈火，前仆后继；多少文人骚客只为争取心中的一方净土，只为渴求心灵的自由逍遥，甘于寂寞，成就美名；多少爱国志士只为一个"义"字，不惜抛头颅、洒热血。他们如滚滚长江中的朵朵浪花，翻滚激荡，生生不息，荡人心魄。如果我们能继承和发扬这些精神和信仰，用"道"约束自己的行为，用"德"指导人生的方向，那么我们的文明必将更加灿烂，我们的国运必将更加昌盛。

正基于此，"中华少年信仰教育读本系列丛书"应运而生。除上述内容外，本丛书还收录了中国人民百年来反对外来侵略和压迫，反抗腐朽统治，争取民族独立和解放，前赴后继，浴血奋斗的精神和业绩，尤其是中国共产党领导全国人民为建立新中国而英勇奋斗的崇高精神和光辉业绩；不仅有中国历史上涌现出的著名爱国者、民族英雄、革命先烈和杰出人物，还有新中国成立以后涌现出的许许多多的英雄模范人物。

阅读这套丛书，能帮助青少年树立自己人生的良好的偶像观，能帮助青少年从小立下伟大的志向，能帮助青少年培养最基本的向善心，能帮助青少年自觉调节自己的行为，能帮助青少年锁定努力的方向，能帮助青少年增加行动的信心和勇气。

习近平总书记说："人民有信仰，民族才有希望，国家才有力量。"因此我们有理由相信：少年有信仰，国家必有希望。

中华少年信仰教育读本编写委员会

# 目 录

## 第一章　青铜之尊 / 001

殷商青铜器的丰富多彩 / 001

西周青铜器的精湛 / 010

春秋青铜器的辉煌 / 016

战国青铜器的灵巧 / 023

秦汉以后青铜器的日常化 / 030

## 第二章　青铜之用 / 036

食用器物 / 036

礼　器 / 043

兵　器 / 045

乐　器 / 050

其他日用器 / 054

## 第三章　铸造之法 / 060

陶制块范法 / 060

失蜡法 / 063

复合金属铸造法 / 067

## 第四章　青铜之美 / 070

铭　文 / 070
纹饰艺术 / 074
纹饰的复杂多变 / 079

## 第五章　瓷器之史 / 090

陶技术的创新 / 090
青瓷与白瓷 / 093
宋代黑瓷 / 098
青花瓷的成熟 / 100
鼎盛的彩瓷 / 104

## 第六章　制瓷之法 / 108

制瓷的宝石 / 108
成形的技术 / 112
瓷器的"外衣" / 114
焙烧的神秘 / 115

美化的纹饰 / 117

## 第七章　瓷之名窑 / 123

宋朝官窑 / 123
越　窑 / 125
钧　窑 / 128
定　窑 / 130
景德镇窑 / 133
德化窑 / 138

## 第八章　瓷器之国 / 141

瓷器贸易 / 141
中国制瓷技术的外传 / 144
瓷器国宝的"回归" / 146
瓷器之"饮食文化" / 150
瓷器之书画艺术 / 156

# 第一章 青铜之尊

中国的艺术源远流长，而青铜器无疑是其中最辉煌的部分之一。中国文化是一个礼的世界，青铜的凝重厚实正好对应于礼的庄严肃穆。青铜器是古人留给华夏子孙的珍贵艺术遗产，它可以跨越时空，跨越地域，以其所蕴藏的丰富内涵，散发出熠熠光辉。这就是青铜器的魅力——永恒的历史价值与艺术价值！

## 殷商青铜器的丰富多彩

公元前16世纪，夏朝的最后一个王夏桀统治残暴、生活荒淫无度，位于东部地区的商族在首领汤的率领下消灭夏朝，建立了中国历史上第二个奴隶制王朝——商朝。商朝历时约600年，早期曾多次迁都。直到公元前13世纪，商王盘庚将都城由奄迁至殷，这是商朝的最后一次迁都。此后至商朝灭亡，一直都是以殷为都，所以商朝也被称为殷朝、殷商。公元前1250年，武丁继位，商代从此进入鼎盛时期。

商朝建立以后，生产力水平仍然很低，为了解

古人留给华夏子孙的珍贵艺术遗产——青铜器

决这一难题，当时的统治者开始采用奴隶制进行生产，使经济得到发展。到商朝中后期，手工业比较发达。这一时期，手工业的特点是分工细，规模巨，产量大，种类多，工艺水平高，尤其是青铜器的铸造技术发展到了巅峰时期，成为商代文明的象征。

为了彰显统治者的神权统治，当时进行了大量繁复的祭祀活动。在这些活动中，青铜祭器是神坛上的重要道具。因而，此时期青铜器铸造工艺有了长足的进步，体积厚重、纹饰神秘庄严的青铜器大量涌现，成为中国青铜文化最繁荣的时期。当时，大多以饕餮纹装饰青铜器，风格庄重、威严、神秘、奇诡，制作技术上范铸法成熟。由此，商代的青铜器进入鼎盛时期。

青铜器的使用，促进了当时生产力的进步。同时，青铜器用以"明尊卑，别上下"，彰显、维护了等级制度。

商代青铜器的铸造工艺突飞猛进，器壁增厚，纹饰变得繁缛华丽，出现了主纹浮雕突起和地纹浅而繁密的形式。作为礼乐文化的主要载体——礼器，纹饰风格多取"狞厉之美"。

所谓"狞厉之美",是指商朝的社会风气流行"先鬼后礼",造成了商代青铜器具有严冷、肃杀又充满神秘感的特点。器物巨大的体积、浑厚的造型,以及器物身上无处不在的神秘纹饰,都让人从精神上感到一种无言的威慑。

鼎,在中国古代社会中占据着特殊地位。它不仅是宗庙重器,也是王权象征,所以就有了以后"定鼎""迁鼎"之类的词语,来比喻王朝的更迭、社稷的兴替。

商代是一个尊神重鬼、追逐财富、崇尚暴力的社会。商代君王统治残暴,祭祀频繁,贵族统治者遇事必占卜,以祈求天神和祖先神的启示与佑护。在那些盛大的祭祀仪式中,青铜器有着举足轻重的地位。统治者在祭坛上通常陈列着爵、尊、卣(yǒu)等大小错落的各种酒器,满盛酒浆,当大鼎中的祭肉烹煮好以后,将其取出来后盛于小鼎和簋等食器之中,用来供奉天神和祖先。值得注意的是,作为一种特权,这样的占卜和祭祀活动是由商王和大贵族垄断的。

另外,商朝的社会到处充斥着一种极强的狂热性、野蛮性,给社会笼罩上一种神秘氛围。当时的人们相信人死后有灵,因此,商王和贵族死后要以大量的人和牲畜随葬,同时用很多青铜器、玉器等陪葬。1976年在安阳殷墟发现

青铜器

商王武丁妃嫔妇好雕像

的一座大型贵族墓就是一个很好的例子。由于不曾被盗掘，该墓完整地展示了商代贵族地宫的奢华。墓主人可能是商王武丁的妃嫔妇好，墓中各种质地的随葬品有1 928件，其中青铜器有468件，而青铜礼器有210件之多。留存至今的商代重要青铜器，绝大部分都出自这样的王陵和贵族墓葬。

商代的青铜铸造继承了"二里头文化"（指一类考古学文化遗存）的传统。殷商的青铜器可分为三个时代，太乙推翻夏桀之后，建都亳，即现在河南省偃师县附近，为殷商前期，这时候开始在器上铸图形、文字，但字数较少，多是作器者先人的庙号。

河南郑州二里岗文化的青铜器是商代早期的代表，其后河北藁城、江西吴城、湖北盘龙城、山东大辛庄、河南偃师等地也相继出土了铜器、青铜器。和"二里头文化"的青铜器相比，这一时期的青铜器，不论是造型设计、花纹刻镂，或是工艺技术，都发展到

乳钉纹方鼎

了一个全新的阶段。

　　这一时期最典型的代表是乳钉纹方鼎，它属于二里岗期，于1974年在河南郑州出土，现藏于河南博物院。乳钉纹方鼎高100厘米。鼎身为方形，四中空柱足，口沿有台阶状唇边，鼎耳直立两对边口沿上。鼎身和四柱饰单线兽面纹，鼎身每一平面左、右、下边并饰以多排乳钉纹。作为中国最早的大型青铜器，它对于研究商代奴隶社会制度及冶金技术有着重要的价值。

　　殷商中期以后，即传位至第十一代时期，中丁迁都至嚣，即今河南省郑州市，为殷中期。这个时期，由于经济的发展和生产技术的提高，开始制作出大型的铜器。如殷中期的二里岗文化，出现了较大型的酒器——斝（jiǎ）。斝的形状与爵相似，但体积较大。一般来说，爵是饮酒用的，斝则可在底下烧炭，做温酒之用。此外，还发现两种食器，是同样具有三只脚的鼎和鬲（lì）。鼎是煮肉用的，鬲是蒸东西用的。这时期的青铜器较为美观，肩的部位狭长，表面的纹饰图样十分丰富。

　　这一时期典型的青铜器代表是杜岭方鼎（共2件），是中国目前发现的时代最早的大型铜方鼎，用于祭祀、烹饪食物。杜岭1号高1米，重86.4千克，方形，深腹，双耳四足，平折沿，上有拱形立耳，壁微内收，平底，空柱状足。器壁四周均以饕餮纹与乳丁纹装饰，足部铸

商代青铜器无柱斝

中国目前发现时代最早的大型铜方鼎——杜岭方鼎

有饕餮纹与弦纹。腹上部饰兽面纹，两侧及下部饰以乳钉纹，形体质朴庄重。1974年，杜岭方鼎在河南郑州张寨南街杜岭土岗被发掘，杜岭1号现藏于中国国家博物馆。杜岭方鼎的发现开阔了人们对商代中期青铜工艺的眼界，它为商后期出现的后母戊鼎等在造型和工艺上开了先河，是研究商代前期青铜器冶铸的宝贵资料。

到了商代后期，即传位至盘庚时，迁都至殷，即今河南省安阳市北郊，达到中国古代青铜文明的鼎盛时期。这一时期的青铜器大量增加，器形复杂多样，造型注重平衡、对称，并融入自觉而生动的艺术创作。

商代的青铜器装饰经历了由简单到复杂的发展过程，题材众多，其中饕餮纹是装饰主题，其特点是肃穆神秘。青铜器多以细密的云雷纹为底纹，主题则采用高浮雕形式表现，两者形成鲜明对比，而且有些浮雕还分成几个层次。在内容上，这一时期的青铜器开始出现40余字的长篇铭文，内容涉及当时的战事、王室与贵族的关系及王室祭祀。铭文字体象形意味较浓，大小参差，波磔分明。

中国国家博物馆收藏的四羊方尊就是这一时期青铜器的代表作。在立体雕塑与实用器皿结合一体的做法上，它是最早的，也是最具标志意义的作品。铜尊盛行于商代和西周时期，是一种饮酒礼器。四羊方尊是现存商代青铜器方尊中最大的一件，高58.3厘米，每边长52.4厘米，重34.5千克。尊口外沿呈方形，四角各塑有一羊，羊头与羊颈伸出器外，

四羊方尊

羊身与羊腿附着于尊腹部及圈足上。羊角弯曲有力，羊头上饰有雷纹，羊背和胸部有鳞纹，前腿雕有长冠鸟，圈足雕有夔纹，其余空白地方均饰有雷纹。四羊方尊集线雕、浮雕、圆雕于一器，以异常高超的铸造工艺制造，造型简洁优美，寓动于静，极具端庄典雅意蕴，被认为代表了商代青铜器具制作的最高水平。

商晚期至西周时期是中国青铜器发展史上第一个高峰，数量大大增加、质量空前提高。据统计，仅礼器中的食器、酒器、水器和乐器，总数就达两万件以上。

这一时期青铜器的品种相当丰富，以酒器和食器最为突出，已有鼎、鬲、甗（yǎn）、簋、爵、斝、觚（gū）、罍（léi）、卣等诸多品种，装饰图案多为兽面纹、夔龙纹等动物纹样，还有云雷纹。

总之，殷商是中国古代青铜器发展史上的第一个高峰期。这一时期的青铜器不仅制作精巧，造型优美，且种类繁多，风格独特，

是中国古代金属艺术的珍品,也是研究古代社会的珍贵文物。

商周时期的青铜鼎多为三足圆形,但也有四足的方形鼎,闻名遐迩的后母戊鼎便是四足大方鼎。后母戊鼎曾被称为司母戊鼎,是商代后期王室祭祀使用的青铜方鼎。

1939年,河南省安阳市武官村的一个农民在耕田时发现了后母戊鼎,后来此事被一位古董商人得知,并以重金买下。但是由于鼎太大太重,也没有先进的运输、起重工具,根本无法带走,古董商人便欲把鼎锯断,分成一块块带走,但是在锯掉一只耳后,就再也锯不动了,只好重新埋入地下,以待时机。

1946年,后母戊鼎被当地政府重新挖出,后上交南京国民政府。1948年夏天,后母戊鼎首次在南京公开展出,蒋介石亲临参观并在鼎前留影。国民党战败逃往台湾,由于后母戊鼎的重量问题,并没

后母戊鼎

有把它带走。中华人民共和国成立后，该鼎存放于南京博物院，后转交中国国家博物馆。颇为遗憾的是，当时锯断的那只耳早已丢失，现在我们看到的后母戊鼎上的那只耳是仿造的。

后母戊鼎是商代晚期的青铜祭器，长方形，有四足，通体高度为133厘米，重量为875千克，是现存最大的商代青铜器。后母戊鼎除鼎身四面中央部分是无纹饰的长方形素面外，其余各处皆有纹饰。在细密的云雷纹之上，各部分主纹饰各具形态。鼎身四面在方形素面周围以饕餮作为主要纹饰，四面交接处，则饰以扉棱，扉棱之上为牛首，下为饕餮。

后母戊鼎侧面

后母戊鼎的提手文饰同样精美。两只龙虎张开巨口，含着一个人头，后世演变成"二龙戏珠"的吉祥图案。一般认为，这种艺术表现的是大自然和神的威慑力。

鼎腹内有铭文。后母戊鼎出土伊始，由于资料有限，专家们认为是"司母戊"三个字，后来随着其他青铜文物的出土，渐渐佐证了鼎内铭文其实是"后母戊"三字，是商王文丁为祭祀他的母亲戊而作的。

后母戊鼎的鼎身和鼎足为整体铸成，鼎耳是在鼎身铸好后再装范浇铸的。而且，制作如此的大型器物，在塑造泥模、翻制陶范、合范灌注等过程中，需要解决一系列复杂的技术问题，同时必须配备大型熔炉。后母戊鼎的铸造，充分说明商代后期的青铜铸造不仅规模宏大，而且技术高超。它厚重典雅的造型，宏大的气势，美观庄重的纹饰，精巧的工艺，体现了商代较高的文化艺术水平，也成为当今中华民族引以为傲的国宝重器。

## 西周青铜器的精湛

公元前1046年，西北地区的氏族部落周族迅速崛起，在周武王的带领下全族打到商都殷地区，商朝灭亡，周朝由此建立。西周后期，社会处于激烈的动荡之中，内外矛盾日益激化，周王室失去了原有的号召力和权威。公元前771年，西周贵族申侯联合少数民族犬戎等攻入都城镐京，周幽王被杀。由武王建国到幽王灭国，历时3个世纪，史称西周。

周武王灭商以后，又经过数代人的努力，使奴隶制日益完善，并达到全盛时期。从政治、经济到民间生活都形成了一整套完备的制度，井田制、分封制、宗法世袭制及各方面礼制的形成，标志着奴隶社会的兴盛与发展。

分封制的形成，使大规模的同姓及异姓诸侯得到分封，从此西周建立了较商代版图更为广阔的国家。另外，西周还"制礼作乐"，加强宗法等级制度，这样西周的统治得到迅速巩固，西周的青铜文化有了进一步的发展。尤其是在祭祖、服饰、器物、宫室、车马等的制作与使用方面，有着严格的规定，不得僭越。从天子到士都是贵族，贵族之间等级森严。这种等级制，对周代的工艺设计与制作产生了很大影响。

西周的青铜器文化是在商代后期青铜文化的基础上发展起来的，西周早期的器类、器形和花纹大都是沿袭商代晚期的风格。这是因为商朝灭亡以后，周人接收了青铜铸造工业和工艺奴隶，生产为周人服务的手工业产品，在一段时期内还是原来的模式，因此出现了一批商制周铭的青铜器。随着政权的巩固和礼制的不断加强，周人在全面继承殷商青铜器工艺优良传统的基础上，加以发扬光大，这一时期的青铜器技艺精湛，达到空前的高度。

在陕西省以秦始皇陵墓所在地闻名的临潼出土的60件铜器，令世人瞩目。利簋就是这60件青铜器之一。该青铜器呈圆形，深腹，圈足下有方座，腹部两侧各有兽形耳，上有垂珥，簋的腹部与方座饰有云雷纹为衬托的大兽面纹，圈足上饰有夔纹。器底有4行32字的铭文，系甲子日早晨，武王出发伐纣王前占卜所得的预言，其中记述着"大破纣王，灭亡殷商"的文字。《尚书·牧野》篇记述武王与纣王在牧野（今河南淇县以南卫河以北地区）决战的日子正好是甲子日。因此，这篇铭文可能是武王在牧野一仗获胜之后，在青铜器上刻铸以为纪念。

据文献记载，武王是在公元前1046年灭商的。有个叫利的人在周王朝中可能任的是司徒、司马或司空一类官职，是武王伐纣战

利簋

争的参与者,并立了功。所以,武王在立政后的第四天(灭商的第八天),把铜赏赐给他。他便用这些铜制成簋,以纪念武王赏赐这件事,也用来纪念他的先人檀公。过去出土的铜器,其铭文也有记述武王伐纣的,但都是后人的追述,而利簋的铭文却是当事人的直接记载,显得尤为珍贵。

周代在青铜器上刻铸长篇铭文已成为风尚,这座利簋的发现,为古代史的研究提供了珍贵的第一手资料。

西周早期青铜器的特点逐渐出现新的艺术形式,在器形方面,西周中期酒器迅速衰落,爵、觚、觯(zhì)、觥、瓿(bù)等逐步消失,鼎的种类不断增加,写实风格的鸟兽尊十分流行,而且式样活泼有趣。

这一时期最典型的代表就是辽宁喀左出土的鸭尊,扁宽嘴,长颈,双脚铸有鸭蹼,尾部下有一立柱,与双腿做器的三支足,完全是个家禽的形象,器口开于背上,两翼以浮雕凸线示意,身上以斜

辽宁喀左出土的鸭尊

方格纹表示羽毛，形象写实且逼真。江苏丹徒母子墩也出土一类似鸭尊，唯器口更大更高。

另外一件典型的代表器物——何尊，于1963年出土于陕西宝鸡，高38.8厘米，现藏于中国宝鸡青铜器博物院。该尊为觚形圆口方体，形体粗壮，腹和圈足均为方形圆角。腹部上下饰以兽面，上部兽面采用高浮雕的手法雕刻而成，包括向内翻卷的羊角、鼓目、涡卷鼻，四周有高突的棱饰。整件器物的装饰层次分明，具有很强的立体感。

何尊

何尊的价值不只在艺术方面，还具有很高的历史文献价值。因为在该尊的内底刻有一篇记载成王五年营建成周洛邑之历史事件的铭文。该铭文大意为：王开始营造成周，对武王举行了丰福之祭。四月丙戌这一天，王在京室向宗小子（该尊的主人何）告诫说：从前你已故的父亲公氏辅协文王。文王得到了上天赋予统治天下的伟大使命。后来武王攻克了商的都城大邑城，曾祭告于天下说："我建都在这天下的中心，从这里来治理人民。"又说："公氏对于上天是有勋劳的，你要很虔敬地祭享啊！"王在结束他的训诫以后，把三十串贝赏赐给宗小子何。于是何把自己光荣地受到王的接见和赏赐的事铭铸在这件礼器上，以祭祀他的父亲公氏。根据铭文的记载，这个王就是成王。何尊铭文记载的是文王受命，武王灭商而营造成周洛邑，成王继续营造洛邑的这个著名历史事件。

西周中期至春秋初期，周人以"礼"治国，用宗法礼乐制度取代商的鬼神，周文化由神本位转向人本位，驱散了殷商时代的阴森恐怖气氛。

所谓礼乐制度，就是通过国家立法，明文规定了奴隶主的不同阶层（如天子、诸侯、卿、大夫、士）的尊卑贵贱的社会地位和行为规范。它的内容包括政治、军事、法律，甚至衣、食、住、行、婚、丧等各个方面。这个时期的青铜器形成了典型的周人风格，简朴、明快、流畅、和谐、典雅，展示了全新的审美精神和人的精神境界，具有突出的政治目的，代表器物为毛公鼎。

据传毛公鼎是清代道光末年出土于陕西岐山，后来曾为著名古物收藏家山东潍县（今山东潍坊市）的陈簠（fǔ）斋所有。鼎的一般用途是煮或盛鱼肉。毛公鼎通高53.8厘米，圆腹，三蹄形足，口沿上有直立双耳，颈部饰环形纹，整体朴素无华。毛公鼎腹内有铭文32行，499字，是目前所见铜器上有最长铭文的青铜器。铭文书体匀称规整，严谨精到。铭文主要叙述周天子对毛公的册命，并嘱咐他要对王室尽力效忠，还赏赐了毛公众多的物品。毛公为感谢周王，特铸鼎记其事。毛公鼎的出现，为研究西周晚期政治、经济、社会各方面史实提供了重要资料。

西周中期出现了列鼎制度，为使君臣父子各就其位，埋葬制度方面有严格的规定，主要表现在不同等级的人所使用的棺椁、乐器、车马器以及鼎、簋等礼器的数量不同，而普通百姓是不能用鼎的。此后，用鼎制度成为周礼中埋葬制度的重要组成部分。在纹饰方面，西周中期青铜器的装饰艺术以朴实无华、简洁明快

毛公鼎

为趋势，纹饰的布局以条带状的二方连续为最多，通体满饰的情况极少；纹饰的表现手法以平雕为主，浮雕较少。

此时青铜酒器大为减少，出现了簠（fǔ）、盨（xǔ）、匜（yí）及钟等青铜礼器。青铜器铭文有了高度发展，长篇铭文大量出现，为巩固西周奴隶主贵族的统治大造舆论。

周文化与商文化相比，理性色彩相对较浓，这主要体现在青铜器的铸造上。西周时期虽然传承着商朝文化，但理性精神已迅速萌发，在周王推行"礼乐文化"的压力中，巫术与祭祀活动逐日下降。西周代商之后，周公制礼作乐，建立典章制度，鬼神地位便明显下降了。人们开始关注现实的历史，宗教祭祀仪式开始呈现衰退的趋势。

这一时期制作的青铜器，最明显的特点是带有神秘恐怖意味的饕餮纹等图腾纹饰日益减少，开始变得更加自由、轻松；平实的窃曲纹、重环纹、波纹、弦纹、垂鳞纹开始流行，有些器物甚至通身素面，仅有一两道弦纹或波曲纹为饰，而铭文则显著增多。这些铭文主要是记录铸造事由及相关的历史事件，并无过多的宗教内容。

今收藏于故宫博物院的虎戟（jǐ）镈（bó）就是这一时期的典型代表。此镈通高44.3厘米，铣距27厘米，重16千克。该镈呈椭圆形，平口，"舞"上有半环形钮。镈钮饰云纹，镈身两面饰兽面纹，正中都有窄长条花边扉棱，镈口上部饰圆涡纹与花瓣纹，镈两侧各饰二虎。四虎的形象非写实而是图案化，反映出当时铜器纹饰的神话性。此镈确是研究西周青铜器纹饰和古

故宫博物院的虎戟镈

代造型艺术非常难得的资料。

西周晚期统治者与周边各族的矛盾突出，冲突不断，连年征战，加上天灾频仍，周朝的统治内外交困。这一时期的青铜器的种类与中期大体相同，礼乐器主要有鼎、簋、鬲、壶、盘、盉、豆、钟等，但是造型特别实用，纹饰十分简朴，而且逐渐发展为定型化、程序化。西周晚期的纹饰构图简洁，刻画刚劲有力，但是种类比中期有所减少。这时鸟纹已经消失，雷纹开始蜕化，波曲纹在所有纹饰中占有绝对优势。

藏于中国国家博物馆的虢季子白盘

这一时期的典型的器物是现藏于中国国家博物馆的虢季子白盘。虢季子白盘长137.2厘米，宽86.5厘米，高39.5厘米，重215.5千克，盘口呈圆角长方形，四面各有二兽首，口中衔环，四足作矩形，饰环带纹，为迄今所见最大的青铜盘。盘内底部有八行铭文，共111个字。铭文记述周宣王十二年（公元前816年）虢季子白在洛河北岸大胜猃狁，杀死500个敌人，活捉50个俘虏，宣王举行隆重的庆典表彰他的功绩，赏赐了马匹、斧钺、彤弓、彤矢。虢季子白专门制造此盘来纪念这件事情。虢盘也是研究西周政治、军事的重要史料。

## 春秋青铜器的辉煌

随着周平王的东迁，历史进入了东周时期，此时又分为春秋和战国两大阶段。前期即从公元前770年至公元前476年，取名于孔子所著史书《春秋》，称为春秋时期；从公元前475年（周元王元年）

至公元前222年称为战国时期。

西周灭亡以后，社会有了很大的进步与发展。诸侯国和王室的政治、军事、经济格局发生了很大的变化，王室衰微，"礼崩乐坏"，列国竞相发展自己的势力，出现了国内卿大夫世家逐渐兴盛的政治形势，周天子不再有力量来控制各个诸侯。中国古代社会从奴隶制开始向封建制过渡，社会处于大动荡、大变革的时代，王室衰微，各诸侯国兴起，齐桓公、宋襄公、晋文公、秦穆公、楚庄王等相继称霸。这一时期的文化繁荣，思想活跃，诸子蜂起，百家争鸣。

此时，铁器开始逐步应用。随着各诸侯国经济的发展，各地方的青铜文化有了突飞猛进的发展，青铜器的器形、纹饰及组合都有了重大变革。列国铸器日益增多，但周王室铸器却数量减少且质量下降。这样，代表各地区文化的青铜器高度发展，新颖的器形、精巧富丽的装饰风格和卓越的范铸技术，反映了当时中国青铜器新风

楚庄王出征雕像

格的崛起。

春秋时期的青铜器的组合，与商周两代相比，已失去祭祀和礼器的性质，而转向日常生活用器方面，出现了许多以实用为主的用器。在装饰题材上，逐渐摆脱了宗教神秘的气氛，使传统的动物纹进一步抽象化，变化为几何纹。动物纹最多的是蟠螭纹，并且出现了一些反映社会现实生活的题材，如宴饮、弋射、采桑、狩猎、搏斗、攻城、水战等，这种写实图纹显示出了中国青铜器造型风格上的一大转变。

这一时期由于王室衰落而地方政治、经济中心乘势发展起来，青铜器也从深宫走向民间。随着技术的提高，尤其是失蜡法的运用，以及审美意识的注入，这一时期的作品达到了空前的精妙华美，龙、凤、鹿和其他怪兽，或求写实性，或求图案性，或立体或平面地装饰于器物的周身，工艺日趋精致。

春秋时期，诸侯力政，礼崩乐坏。随着城市经济的发展，自春秋中期始，青铜器的地域特征突现。中原、楚、秦、吴越等地的青铜器各自呈现出独特的发展轨迹，一些小国的青铜器也成规模地出现，青铜器呈现艺术新潮化的特点。

这一时期典型的青铜器代表是收藏于北京故宫博物院的国之重宝——莲鹤方壶。1923年，该青铜器出土于河南新郑，高118厘米，原为一对。莲鹤方壶是一种容酒器，既是一种日用器皿，也是一种礼器。壶在春秋时期使用普遍，种类也很多，因为设计合理，铸造精良，在造型立意上也代表了时代思潮，被史学家们认为"开一代新风"。

莲鹤方壶易于使用，壶腹以最大径下移，来增加器物的稳定感，颈口为方，折角处自然成流，引导倾倒，便于控制流量与方向，有耳便于扶持，有足，倾斜作为支点，接触面小，省力易掌握。壶身饰满浅浮雕的盘曲龙纹，浅浮雕之上，又是龙的圆雕；两条回首后顾的镂空伏龙，附在壶的两侧成了柄形壶耳，龙的头上还有如王冠般的触角。壶的颈部和腹的四隅相错排列了8条小小的游龙，头爪突起，有眼有珠，活灵活现。壶的圈足饰以对虎纹，圈足之下卧着两只有角的虎形兽，四爪点地，尾部向上卷曲，好像在奋力支撑抬举整个壶体。壶盖沿饰兽目交连纹，盖顶为镂空复瓣莲花，1层9瓣，共18瓣，盛开的莲花中站立着昂首振翅欲飞的仙鹤。

故宫博物院的国之重宝——莲鹤方壶

整个壶体造型既复杂多变，过渡又十分自然巧妙，从上至下，由喇叭形有莲盖到方形的颈，再到椭圆形的腹，形状的衔接十分微妙，到腹底突然内收，然后露出圈足。壶体造型，从手法来看，通过较为写实的鹤的形象和富于幻想、夸张的莲盖、兽耳、负器兽等形象的鲜明对比，使展翅欲飞的鹤成为画龙点睛之笔，从而使器物的装饰显示出了活泼轻盈的旋律。

公元前770年至前7世纪上半叶是春秋的早期阶段，这一时期王室和王臣的青铜器急剧减少，诸侯国的青铜器占据主要地位。早期的青铜器在形制上依然承袭西周晚期体系，但是也出现了几种新的器形，盆和椭圆杯等先后出现，传世

莲鹤方壶顶部盛开的莲花中立昂首振翅欲飞的仙鹤

太公庙村发现的甬钟

春秋早期典型代表青铜器陈侯方壶

的如曾大保盆。

在青铜器的纹饰上出现了龙类相交缠的纹饰，早期绞龙纹显得粗糙稀疏，可能是春秋早期中较晚的新式样，上村岭虢国墓地也出土有这类纹饰的青铜器。

列国金文不同程度保留有西周晚期金文的一些特征，在文字结构及书体上都有体现。文字呈长方形，端庄凝重，布局较整齐、规范，如晋姜鼎、鲁伯厚父盘、曾侯簠等等。

关于春秋早期，在陕西宝鸡太公庙村发现的秦武公甬钟和钮钟可视为标准器。河南三门峡上村岭虢国墓地出土的青铜礼器，相当一部分是春秋早期器。至今为止，这一时期所发掘的都是中小型墓葬。

春秋早期的典型代表青铜器是陈侯方壶，通高51厘米，口长16.8厘米，口宽12.2厘米，该器扁方圆角体，微腰束颈，垂腹外鼓，圈足外侈。两耳作兽首衔环，耳下端另出一上卷象鼻。腹部饰界栏形带纹，将器腹分为八区，每区光素无纹饰。盖器同铭文，各铸3行13字，这是春秋时期陈国诸侯为其母亲制造的礼器。陈国在今河南境内，陈国灭亡后，此器辗转被齐国贵族所得，于1963年在今山东肥城的齐国贵族墓中出土，今藏于山东省博物馆。

春秋中期（公元前7世纪上半叶—前6世纪上半叶）后，青铜文化的面貌发生了很大变化，呈现出双重发展方向。一方面，作为礼制载体的功能依然存在，这从当时各地诸侯王墓中出土的庄严厚重的九鼎八簋得到实证；另一方面，纯粹的日用器物大量增加。与这两种趋势相适应，前者器物造型庄重，装饰素雅；后者造型精巧奇异，装饰工整，细致华丽。

春秋晚期（公元前6世纪下半叶—前476年）已经进入铁器时代。自周厉王始，不断战乱，王室衰微，诸侯强大，出现了"天子威，诸侯僭"的局面。新兴地主阶级开始取代奴隶主阶级，他们的代表

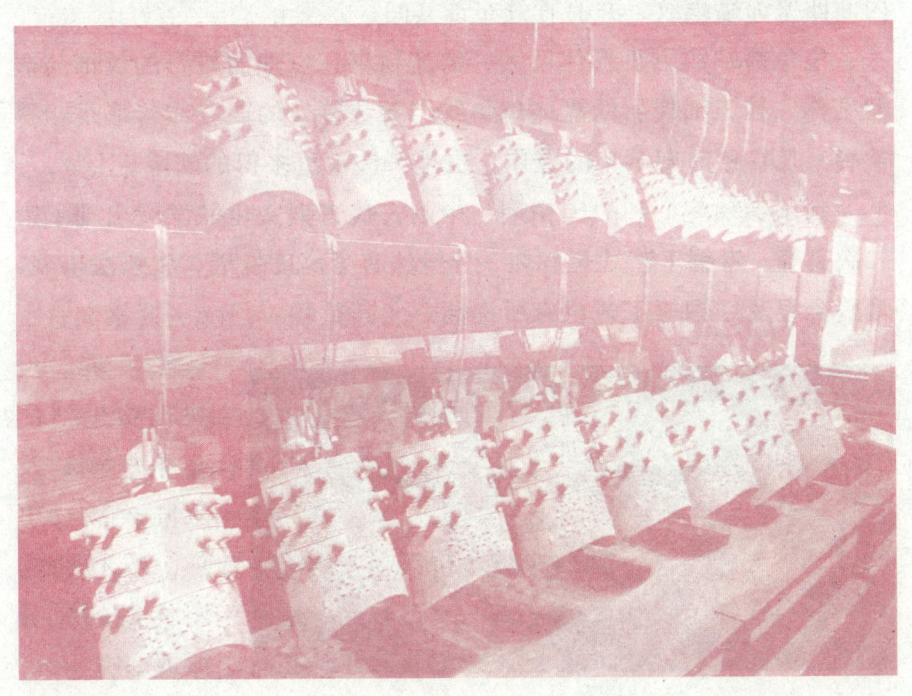

春秋王孙诰编钟

人物逐渐取得政治优势而进行社会改革，新的生产关系促进了社会生产力的发展。铸造业在生产技术、艺术水平和器物种类等许多方面则呈现出崭新的面貌。青铜器的装饰日趋华丽，使用功能增强，与生活相关的品种大量增加。从制作技术看，出现了失蜡法、鎏金法等，代表作有宴乐采桑狩猎纹壶、编钟等。

另外龟鱼蟠螭纹方盘也是当时典型的代表作，通高22.5厘米，长73.2厘米，宽45.2厘米，重23.5千克。龟鱼蟠螭纹方盘原为清宫旧藏器，现藏于故宫博物院。此盘口沿向外平折，四伏虎形足，虎背各立一兽，以接盘体。盘外壁有一对铺首，中央卧两蜷熊，一熊以一只脚掌践蛇，四隅各饰高浮雕人面鸟啄怪兽，左边一兽捕蜥蜴，均作吞食状。盘外壁纵向两边各饰有浮雕独角兽，正作哺乳一羊之状。盘内以三角云纹为衬地，饰有七行龟、鱼、蛙等水族动物。内面四壁饰蟠螭纹，并有青蛙布饰其间。

龟鱼蟠螭纹方盘形体巨大，铸造精湛，以瑰丽雄奇的纹饰与造型见称，其工细瑰丽的盘体龟鱼纹与蓄势待发的四立体兽形足相得益彰，是春秋时期罕见的佳作，也是一件不可多得的瑰宝。

到了春秋晚期和战国初期，中国古代古铜文化的发展出现了第二次高峰。青铜工艺灿烂辉煌，分铸法有了高度发展，失蜡法出现，镶嵌合银及红铜等工艺也有所提高。尤其是媵（yìng）器铭文有了较大发展，反映现实生活的宴乐、狩猎及水陆攻战纹出现，器具的实用性得到充分体现。

藏于故宫博物院的龟鱼蟠螭纹方盘

## 战国青铜器的灵巧

战国时期是史学家对春秋之后、秦灭六国之前的历史时期的称谓，是中国继东周列国以来的又一个诸侯割据的时代。这一历史阶段，从周元王元年（公元前475年）至秦王政二十六年（公元前221年），因西汉末年刘向编辑整理的《战国策》而得名，因此史称战国时期。

这一时期冶铁业有了很大的发展，战国中、晚期铁制工具已在生产中广泛应用，促使社会生产力有了很大的发展。此时，由于各诸侯国在军事、政治、外交各方面的激烈斗争，诸多中小诸侯国被吞并，最后出现了齐、楚、燕、韩、赵、魏、秦七国称雄的局面。各国通过变法，例如魏国的李悝（kuī）变法、秦国的商鞅变法等，最终确立了封建制度，奴隶制宣告结束。在思想文化上，百家争鸣，百花齐放，空前活跃繁荣。

在这一初期，中国的工业、农业、商业、交通等并没有受到战争的影响，各诸侯国之间互相促进，相互发展，如都江堰、郑国渠、鸿沟等著名的水利工程不仅促进了当时农业的发展，而且造福后世。

都江堰水利工程

此外，在文化和思想学术方面，百家争鸣，创造了辉煌的先秦文化。

另外，手工业也得到大力发展，冶铁、青铜器铸造、漆器、丝织业的生产水平都有了显著的提高。青铜器的制作普遍使用熔铸、焊接、失蜡法和金银嵌错工艺，产生了在铜器表面涂金、鎏金和刻纹工艺，器物塑造得轻薄灵巧，花纹细致繁复，具有高超的技术和艺术水平。虽然由于铁器的推广使用，铜制工具越来越少，但是仍有许多精美的青铜器物产生。

战国时期是中国社会处于剧烈变革的时代，生产力得到了迅速的发展，文化艺术出现了空前的繁荣。此时，商周以来的青铜礼器逐渐衰落，战国中、晚期时虽然还有一些精美的礼器，例如河南省三门峡上村岭出土的错金方罍及错金方鉴等，但大多数礼器已是素面，朴素无纹。并且，此时青铜器上的铭文大多为刻铭，一般很简短，其内容多为制作年月、地点、督造官、工官及制造者的姓名，或是标明器物的重量与容积等，其性质为"物勒工名，以考其诚"（《吕氏春秋·孟冬纪》）而已。但是，日常生活用器却得到了普遍发展，如铜镜。铜镜在战国时期，已经在统治阶级中开始普遍使用，如《战国策·齐策》中就有"朝服衣冠，窥镜"。

战国铜镜的制造工艺能够取得较大的发展，主要是因为铁工具在铜器制造业的使用，为作坊内部更细密的分工、创造新技术提供了有利的条件。经过商周以来的发展，到战国时期，铜镜的合金比例已趋于科学和稳定，大大提高了实用效果。战国铜镜以它规范化的形制、精美的装饰纹饰，标志着中国古代铜镜已经从早期的质朴走向了成熟。此外，在青铜乐器方面，无论数量上、制造工艺及木架的装饰方面，都达到了一个

战国蟠螭纹铜镜

高峰。

  这个时期各类青铜器的造型灵巧、各具特色，在装饰艺术及工艺方面涉及很多门类，就其大类来说，包括图案、书法、绘画、雕塑等。如青铜器上的图案经过长期过程最终形成了一些带有规律性的装饰手法，它充分利用对比度、呼应、虚实、疏密有节奏的变化，运用曲线和弧线的反复，来突出方向感和运动感。

  最典型的青铜器代表是曾侯乙墓中的具有六棱形甬的编钟。1978年湖北省随县（今湖北随州）曾侯乙墓出土，现藏于湖北省博物馆。曾侯乙，姬姓，是周朝诸侯国曾国的国君。曾国的政治中心位于今天的湖北省随州。

  1978年2月，湖北省随县一所军用厂房需要扩建。当驻地官兵开山炸石头时，在红色砂岩石头山上炸出有一大片褐色土的洞穴，里面有人工砌成的石板。人们觉得这有可能是一座古墓，于是马上向文物部门反映情况。

  3月19日，湖北省博物馆的考古技术人员赶到了随县。经初步勘查，确实是一座古墓。古墓坑洞呈不规则多边形，东西最长处有21米，南北最宽的地方有16.5米，总面积达200平方米。考古人员异常兴奋，因为如此大的"岩坑竖穴墓"在过去从没有发现过。

  5月11日，经国家文物局批准，考古人员开始了正式发掘工作。墓葬为战国早期的大型木椁墓（木椁墓是古代墓葬构造形式之一，在土坑内用木材构成长方形或方形的停尸室，将棺材放在其中，另外室内常建有放置随葬品的厢阁），构筑在红砂岩山冈上，以磐石为穴。残存墓口至墓底深10米。墓坑内置木椁，木椁用171根长条楠木垒成，每根长10米，宽0.5至0.6米，共用圆木500余立方米。椁室四周、顶部填塞木炭约六万千克。

  木椁分东、中、西、北四室，随葬器物分布其间。东室放置墓主人大棺一套、陪棺八具、狗棺一具，有金玉器、铜器、漆木器、兵器等。棺分两层：外棺为铜木结构，长3.2米，宽2.1米，高2.19米；内棺为木结构，长2.5米，头宽1.27米，足宽1.25米，高1.32米。打开外棺后，看到了华丽的内棺。接着打开内棺，棺壁上有玉玦镶在上面，馆内躺着墓主人，一副人骨架，尸体早已腐烂，骨架保存完整，小型金、玉、角器放在周围。墓主人为男性，年龄45岁左右。其中有21具殉葬者的尸骸，全部为年轻女子，年龄在13岁至25岁之间。

经过4个昼夜的清理（墓室已经进水），共清理出各类文物568件，有金、玉、铜、琉璃、水晶、骨、角等精美的器物。然而，最重量级的文物"曾侯乙编钟"此时还没有出现。

5月22日夜，随着抽水机昼夜不停作业，中室的水位已经迅速下降，隐约出现了三个木架。到了第二天早晨，才看清原来是三组

曾侯乙墓陪葬品

18件小型青铜乐钟,它们按大小排列,依旧悬挂在架上。木架上的横梁以黑漆为底,描上红彩。两段有青铜做的铜套,上面雕有蟠龙纹。在场人员都被这件精美的艺术品深深吸引住了。24日,水位又下降了不少,水中露出了第二层横梁,还有梁下面悬挂的33件稍大的铜钟。考古人员这才意识到,这是一件大家伙,水底下肯定还有一层,于是加快了抽水的速度。终于,在25日午夜,第三层横梁出现了,12件大铜钟和一件镈钟(大型单个打击乐器)。全套古代青铜编钟——曾侯乙编钟,终于在沉睡了2 400多年后,又完整地与世人见面。

曾侯乙编钟共有65件,分上、中、下三层八组悬挂。上层三组19件钮钟(上面有悬钮的钟);中层三组33件甬钟(上面立有甬柱的钟);下层两组12件大个甬钟,另外还有一件镈钟。最大的一件通高152.3厘米,重203.6千克。最小的一件通高20.2厘

全套古代青铜编钟——曾侯乙编钟

米，重2.4千克。全套编钟重加上铜架、铜立柱和挂件等，共重4 421.48千克。

曾侯乙编钟的每件钟体、挂件和钟架横梁上都有铭文，共3 755字。除此之外，磬匣、磬架也有铭文共812字。编钟铭文包括三方面内容：一是记事，二是标音，三是乐律关系。此编钟反映了公元前5世纪的声学、律学和音乐方面的许多成就。

曾侯乙编钟是中国现存最大、保存最完整的一套大型编钟。它音色优美，音质纯正，是中国古代音乐史上的一个光辉成就，不仅向世界表明了中国在公元前5世纪科技和音乐就已经居于世界领先水平，还为今天古音律和编钟制造的研究，提供了珍贵的实物资料。曾侯乙编钟不仅是中国的骄傲，也是人类文明进步的见证。

青铜器的铭文方面，字体多变，字形有肥有瘦，有些字是承袭商周时期的字体，还有错金字、鸟虫书等。通过青铜器上的图案来看当时的绘画成就，这个时期一些青铜器上的图案可以作为绘画来欣赏，如反映当时社会生活的战斗、狩猎、宴饮、车马、建筑等图案，构图简单，线条质朴，刻画娴熟，有的达到了形神兼备的程度。

战国初期的青铜器，无论是器形还是纹饰，都跟春秋晚期的青铜器有很多的共同点，但部分器物有一些自然演变的特点及时代特征。如鼎类的形制与春秋晚期的同类鼎大致类似，但是有一种连裆鼎或短扁足鼎，却是采取软接触的做法将过短的足与器腹相连接，属于新设计的造型，大约是把短足扁的形体移植而来。

战国早期墓中的酒器，往往有些特殊的造型，如曾侯乙墓的一对大尊缶、联襟大壶带有华丽套口和盖、可悬置在冰鉴内的大口方形尊缶等，都是绝无仅有的器物。另外，山彪镇1号墓出土的酒器——莲瓣盖壶，形体类似赵孟介壶而稍低。水器中最常见的是盘匜，另外也发现过中小型圈足的鉴。

就题材而言，战国早期的纹饰在交龙、卷龙或蟠龙等龙的基础上，出现了较为复杂的蛟龙图案。如1978年曾侯乙墓出土的镶嵌龙凤纹壶，就是这一时期典型的代表。此壶属于酒器，有圆锥形盖，大口，颈向下斜放，鼓腹，圈足外侈。盖顶有衔环钮套提链相接，通体镶嵌目纹、勾连云纹、龙凤勾连纹、网纹等，纹饰内所嵌多种彩石大部分已脱落。肩表有铭文七字，记为曾侯乙作器。现藏于湖北省博物馆。

镶嵌龙凤纹壶

战国中期开始，社会向封建中央集权过渡，礼器衰落，青铜器转向日用品，如铜镜、带钩等。首先，商品经济的发展，促使古铜货币与度量衡器迅速发展起来，开始广泛流通与使用。其次，铜镜、带钩、铜灯、玺印与符节等日常生活用品有了一定的发展，并且出现了镶玉、嵌琉璃及漆绘等工艺高超、十分精美的产品。再次，虽然此时铁兵器有了一定的发展，但是武器仍以青铜武器为主，并且由于兼并战争的频繁与激烈，青铜武器的数量激增，而且出现了杀伤力很强的木弩及其上的发射构件铜弩机。

战国晚期，各国之间经过了极其残酷而激烈的兼并战争，秦始皇从公元前230年灭韩起，经过10年时间，至公元前221年灭齐，最终统一了六国，结束了自春秋以来几百年的诸侯分裂割据状态，建立了统一的多民族的封建专制主义中央集权的国家——秦王朝。这一切也标志着中国青铜时代与青铜文化的结束。秦汉以后，虽然青铜货币与铜镜等仍在继续发展和使用，但铁器以及瓷器、漆器等已在生产和生活中占据主导地位，中国历史从此进入早期铁器时代。

## 秦汉以后青铜器的日常化

从公元前230年至前221年，秦王政陆续攻灭了韩、魏、楚、燕、赵、齐六国，结束了战国时期的割据局面，在中国历史上第一次建立起统一的、专制主义中央集权的封建王朝——秦朝。

秦始皇统一六国后，着手建立一个统一的多民族的帝国，从此中国的历史掀开了新的一页。在2 000年的漫长封建社会里，铁器生产得到迅速发展，青铜工具很快被铁工具所代替。与战国时代相比，秦汉时期的青铜器无论是在数量上还是在品类上都大大地减少了。青铜业在社会上越来越居次要地位，代之而起的是实用器具的制作。造成这种现象的因素应该是多方面的，其中比较重要的原因之一就是其他工艺门类的发展。如釉陶和漆器等，以其制作简便、质轻且表面光洁等特有的优势，逐渐地替代了部分青铜器品类。随着社会的不断进步，铜器的需求量也在逐渐增加，青铜业生产的工艺技术也在不断发展。

尽管铁器占据了社会生产的主导地位，但青铜作为一种有用的物质资料，在封建社会的生产与社会生活中仍起着重要的作用。秦汉时期及以后各朝各代中，铜器仍然发挥着重要的作用，只是生产的部门和产品的种类、数量不同于商周时期。液态的铜可塑性强，能铸造各种各样的物品。人们承继了自周代以来的铸造技术，制作出人们喜爱的各种物品。另外，青铜制品的金色外表，具有很强的美感和装饰性，它富丽、辉煌的效果是铁不能比拟的，得到了人们的喜爱。

自秦始皇统一中国、建立中央集权制的封建帝国之后，青铜器的形式与规格日趋一致。总体来说，秦代青铜器的造型倾向于简洁敦厚，纹饰较少。如1966年陕西咸阳塔儿坡出土的修武府温酒炉，耳杯长15厘米，宽12.9厘米，炉长15厘米，宽11.5厘米。该器由四足耳杯与有四小蹄足的古盘形炉构成，通身素面，显得朴实沉稳，现藏于咸阳博物馆。

又如1960年陕西临潼出土的丽山园缶，高44厘米，口径19厘米，直口，短颈，深鼓腹，矮圈足。腹上部置有四个环形钮。通体素面无纹饰，器底有铭文两行，共计17字。

再比如上海博物馆收藏的两诏椭量，也是素面无纹的实用器。它呈椭圆形，敞口深腹，方柄中空，可装柄，外侧刻有"北私府半斗"。量体外壁两侧均刻秦始皇廿六年40字诏文。北私府半斗量原为战国秦器，又在器上加刻秦始皇与秦二世诏文，仍确定为秦国标准器。此量多处铸刻铭文，为研究古代度量衡制度提供了重要资料。

秦至汉时期青铜器则更趋于华丽和实用。以后的时代，青铜器制作主要是小型生活用具，并逐步为新兴起的瓷器所代替，不占主导地位。

秦汉以后青铜的主要用途之一是铸造货币。诸如秦代的半两、

上海博物馆

嘉靖通宝雕塑

两汉的五铢、唐代以后直至明清的通宝、元宝、重宝等,这些钱币绝大多数都是用青铜铸成的。历代统治者都十分重视钱币的铸造,设有专门的机构监管钱币的生产。各朝代铸造货币的数量都是很大的。汉代的冶铜业有了较大的发展,冶炼水平也有了较大的提高。例如,《汉书·食货志》记载,西汉武帝至平帝这120年间,五铢钱的铸造总量达280亿枚。据实测,每枚重3.5克,共耗青铜98 000吨。

汉代是中国封建社会上升的强盛年代,特别是丝绸之路开通,中西方文化传播交流,使汉代青铜器的铸造趋于以生活用器皿为主,在器形的特征上强烈地表现出时代风格,装饰纹样以素面最为流行,比较华贵的则施以鎏金及装饰金银错。这一时期青铜器的品种主要有鼎、釜、甑、钟、钫、耳杯、樽、盂、盘、洗等,还有货币、符、带钩、铜镜、玺印、度量衡及边远地区的贮贝器、装饰品、艺术品等。另外,青铜雕塑品也有发展。著名的马踏飞燕铜塑(也称铜奔马),于1969年出土于甘肃武威雷台东汉墓,马的造型为抬头扬尾,三足腾空作飞奔状,右后足蹄踏着一只飞燕,体态极为优美。另外,广西合浦出土的铜屋模型,甘肃灵台山出土的铜俑,河南偃师出土的铜奔羊等,都是极为珍贵的青铜工艺品。在纹饰上,有三角形纹、

马踏飞燕铜塑

菱形纹、回纹、柿蒂纹、锯齿纹、几何纹,及马、牛、羊、犬、鹿、豹、象、熊、鱼、龙、凤等。各种动物形象或伫立,或张望,或奔跑,或缓步,极为生动。

云南的青铜贮贝器,常铸有立体浮雕,内容主要为杀人祭祀和捉缚俘虏的场面,也有表现农业和手工业劳动的场面。云南、广西、四川、贵州、广东、湖南等地的少数民族,在古代流行制作铜鼓,造型基本为圆墩式,鼓身由鼓胸、鼓腰和鼓足组成,胸与腰交界处铸对称的双耳。常见的装饰纹样有太阳纹、蛙纹、鹭鸟纹,竞渡纹、羽人舞蹈纹、云雷纹及马纹等。

唐朝时采矿冶铸业非常发达,冶铜的地方非常多,已经达到了96处。从这一时期青铜器的实物资料来看,铜镜铸造业在此时得到高度发展，而且唐朝统治者对铸造铜镜非常重视。唐朝铜镜的外观厚实，表面大多呈银白色、黑褐色和深绿色。造型除传统的方、圆以外，还创新出了八瓣菱花形、八菱形等。样式上，一部分沿袭了前代的风格，另外的相当大一部分是瑞兽葡萄纹镜。这种瑞兽葡萄纹铜镜背面装饰有高浮雕的异兽、葡萄，其间也有孔雀、蜂、雀之类，花纹繁密。唐镜的装饰也有取材人物故事的，还有四神纹、十二生肖纹、飞天纹、狩猎纹、盘龙纹、八卦纹、万字纹等，但大多数是装饰各种花鸟的，如双鸾衔绶、鹊蝶穿花、鸳鸯凫雁等。陕西博物馆藏的金银平脱鸾鸟绶带纹铜镜，直径22.7厘米，重1 460克，圆形，圆钮，钮座周围饰银片莲叶纹，外有一圈金丝同心结纹；主体纹饰是四只金花鸾鸟口衔绶带，均作同向展翅飞翔状，其间配有四组带叶花瓣；镜边缘同样饰一圈金丝同心结纹，璀璨夺目，宝光四溢。

青铜贮贝器

船纹铜鼓

随着商品经济的发展，宋代的青铜器铸造业，无论是冶炼技术，还是产量，都有了一定的发展。两宋时期的青铜制品，最负盛名的莫过于大晟编钟和宣和三年尊。大晟编钟为宋徽宗时铸造，造型以春秋时代的宋公成钟为模式。金灭南宋后，掠走了部分"大晟乐器"，因为"晟"字犯太宗讳，故将"大晟"二字刮去，而改刻"大和"，取义天地同和。编钟通高28厘米，口纵18厘米、横15厘米，重6.1千克，钟上有双棱交结旋钮，钟乳有36枚。正背两面各有阴刻篆书2字，分别是"大晟"和"夷则"，钲部、舞部和篆部饰蟠螭纹。该编钟现藏于开封市博物馆。

大晟编钟

宣和三年尊，高29厘米，口径17.4厘米，重5.4千克。圆形，侈口，器身分区段，并均匀地分布着四条扉棱，腹部、足部饰兽面纹，以扉棱作鼻，颈部饰焦叶纹和蚕纹，器的内底部铸有大篆字体的铭文5行，共计26字，是置放在方泽坛祭祀神祇用的，现藏于故宫博物院。

宋代以后在铸造货币及日常生活用器上，常常用黄铜代替青铜，青铜从此不再使用。

## 第三章 青铜之用

中国古代的青铜器历史悠久，种类繁多，按照它们的用途和器物形制特点之间的相互关联，人们把青铜器分为食器、礼器、兵器、乐器和其他日用器等类别。青铜器在古代的使用范围很广，涉及社会生活的各个方面。

### 食用器物

中国是一个以饮食文化闻名世界的大国。随着经济水平的不断发展，农业生产技术形态的前进，饮食器皿开始发达起来。尤其到了商朝，青铜器进入鼎盛时期，青铜文化的灿烂在食用器物中得到充分的体现。西周时期的鼎，就是最初的一种炊具。

鼎，相当于今天的锅，主要用来煮鱼、肉。基本形制为圆形、三足、两耳，也有四足方鼎和圆形、方形的扁足鼎、蹄足鼎等形式。最早的铜鼎是仿制陶器（陶鼎）而作，足间是烧火的地方，两耳供举鼎时挂鼎钩用。由于商代人尊神重鬼，崇尚暴力，所以在鼎的四围大多以饕餮纹为饰，给人以庄重和神秘之感。如中国历史博物馆收藏的闻名于世的著

名的后母戊鼎，是中国目前最大的青铜器，形体雄伟，精美端庄，为长方形鼎腹，四足，是食器中典型的代表作品。后来商代人在鼎的基础上，为了增加受热面积，又发明了鬲。

龙纹扁足鼎

　　鬲，也是中国古代的一种炊具，用于烧煮加热。形状为浅腹、三足，足部肥大，足心是空的。铜鬲是仿照新石器时代陶鬲的形状制成的，足心留空是为了使水能够下注，增加受热面积。如河南省三门峡虢国墓地出土的硕父鬲，宽平沿、硕颈、鼓腹、平裆、三蹄足。腹部饰三组由两头变形大象组成的窃曲纹，并以三个扉棱分别对应三足。

后母戊鼎

西周伯矩鬲

少数鬲的形状与鼎相似，腹部较深，也有两耳，只有空足一点与鼎不同。还有一种方形鬲，鬲身分上下两层，上层盛食物，下层烧火，这种鬲为数不多。最经典的鬲是北京房山出土的西周伯矩鬲，高33厘米，口径22.9厘米。从器形上看，其铸造是一次成型，做工精良，气魄雄浑，通体满饰浮雕状牛头纹，数量多达7个，将牛的神态雕刻得淋漓尽致，造型奇特而华丽，给人以艺术享受。另外，这种飞出地表的高浮雕状牛头纹造型，在目前出土的中国古代青铜器中，仅此一件，即使是拥有现代高科技技术的后人，想要仿制也实属不易。伯矩鬲因其高超的浮雕纹技术曾先后三次被定为国家一级文物。

到了商朝中期，在鬲的基础上，人们又发明了甗。甗是古代的一种蒸饭器，由上下两体合成，如同现在的蒸锅。上体用以盛米，呈圆形，有两耳，像鼎身；下体用以盛水，三空足，像鬲。上下体之间有穿孔的箅。上体盛饭，下体盛水，水烧开后蒸气透过箅孔将饭蒸熟。上下体有合铸在一起不可分离的，也有可以分开的。由于甗的容量有限，到商朝后期，出现了一鬲多甑的甗。例如河南省安阳市妇好墓出土的三联

妇好墓出土的三联甗

038 中国青铜器和瓷器

甗，就是典型的代表。

妇好三联甗，高44.5厘米，器身长103.7厘米，宽27厘米，重138.2千克。全器由长方形器身和三件甗组成。器身有底和六条方足，上有三个高出的喇叭状圈口，口周饰三角纹和勾连雷纹。案面绕圈口有三条盘龙纹，四角饰牛头纹，四壁上饰夔纹和圆涡纹，下饰三角纹。三个圈口内置三件大甗，甗敞口收腹，底微内凹，有扇面孔三个，口下饰两组大饕餮纹，每组均由对称的夔龙组成，甗内壁和两耳际外壁均有铭文"妇好"两字。因长方形器身和三件甗的花纹风格一致，甗底和器身圈口大小相当，此器应是一套。此器可以同时蒸煮几种食物，是前所未见的商代大型炊具。现藏于中国社会科学院考古研究所。

商代人嗜酒成风，到商纣王时，甚至于酒池肉林，为长夜之欢。在这样的社会习俗下，商代的青铜酒器制造技术十分发达，这时，爵便得到迅速的发展。现在出土的各种爵，以商朝时期的爵为主。

爵是一种重要的饮酒器，相当于后世的酒杯。体为圆形（或方形），平底或凸底，下有三高尖足。上面一侧有倾酒的流，

青铜爵

另一侧有尾,以均衡流的重量,起到全器的平衡作用。器口有二柱、一柱或无柱,体一侧有鋬。1973年至1975年在河南偃师二里头文化遗址出土的青铜爵,是中国迄今为止发现最早的青铜酒器,现考证为夏或早商时期的遗物。那时爵的造型还比较稚拙,看上去比较单薄,各部分比例还不够和谐,但其整体样式已经基本定型。

武王灭商以后,西周人吸收商朝灭亡的教训,坚决禁止酗酒。爵由此走向衰落,逐渐消失在人们的视野里。

在商周时期还盛行一种大中型的盛酒器——尊,它形体高大,常见的形制多为圆形、侈口、圈足,与今日的痰盂相似。按照形体,尊又分为肩大口尊、觚形尊和各种鸟兽象形尊三种类型。兽形尊泛指走兽形的盛酒器,按其具体形象,可分别称为牛尊、象尊、羊尊、犀尊、虎尊等,鸟形尊亦如此。1981年,湖南湘潭出土的商代豕形尊是这一时期的典型代表。

商代豕形尊,通高40厘米,长72厘米,形似一只活脱脱的雄性野猪。猪嘴很长,有獠牙,双眼凸起,双耳竖起,神态机警,颈上一列扉棱表示鬃毛,背上开口,盖上的捉手是一只站立的小鸟。猪身上的筋肉劲健,比例结构准确,连生殖器官也表现得真实具体,但周身的夔龙纹、云雷纹等纹饰则让人意识到它不是一个平凡的动物。

另外,上海博物馆收藏的一件豕卣,做两猪相悖的造型。制作者捕捉了小猪低头觅食的瞬间,表现得非常生动。器身光亮,花纹精细,显示出很高的铸造水平。

商朝末期以后,随着社会的不断发展,一些食用器物的实用性开始丧失。一些厨房用具开始向礼器转变,例如西周时期的鼎。

西周盛酒器牛尊

错金银云纹青铜犀尊

鸟形尊

虎尊

## 礼 器

礼器主要是指在祭祀和宴飨等礼仪活动中盛放各种食物的器具。到西周时期，鼎开始作为主要的礼器而存在，多用来煮牲祭天敬祖。此时的鼎，成为奴隶主贵族等级身份的象征，开始被置于高高的宗庙之上。直到后来，成了国家政权的象征。

《左传》《史记》都记载了"定鼎""迁鼎""问鼎"的史事。在古代战争中，胜利的一方往往将战败一方的重器（鼎）搬走，并毁掉他们的宗庙。《孟子·梁惠王下》中所说的"毁其宗庙，迁其重器"，说的就是这种情况。战败的一方不甘心于自己国家的重器（鼎）被敌方拿走，就在战败之际将这些青铜器深埋于地下，使敌方找不到，迁不走。

据《左传·宣公三年》等古代文献记载，夏禹铸造了九鼎，从此，九鼎成为王权的象征、传国的宝器。以后，"桀有昏德，鼎迁于商"。周灭商，成王又迁九鼎于洛邑（今洛阳）。春秋时期周定王元年（公元前606年），楚庄王伐陆浑之戎，陈兵于洛邑附近，定王派王孙满前去慰劳，楚庄王乘机探问九鼎的"大小轻重"，遭到了王孙满的有力驳斥："周德虽衰，天命未改，鼎之轻重，未可问也。"这就是著名的庄王问鼎的故事。

从西周开始，用鼎便形成了一套完整的制度。《左传·庄公十八年》中就曾记载："名位不同，礼亦异数。"这就是说，礼乐制度整体而言，在用鼎及用鼎的多少上，随着名位不同而

鼎

不同。无论是传世的鼎，还是墓葬出土的鼎，也都证实了这种制度的存在。

西周建国之初，采取的重大政治举措之一便是分封诸侯，分封诸侯的基础是以血缘关系为纽带的宗法制度。与宗法制度密切配合的是礼乐制度。西周人重礼，礼是协调统治阶级内部关系的准则。在青铜器上表现为鼎簋制度。礼器的使用严格受到等级的制约，主要表现在使用棺椁、乐器、车马器以及鼎、簋等礼器的数量上。规定天子九鼎八簋、诸侯七鼎六簋、大夫五鼎四簋、士三鼎二簋，普通百姓是不能用鼎的。

西周时期，鼎簋制度盛行。鼎簋制度的规范下，鼎和簋要配合使用，使用时鼎为奇数，簋为偶数。这样，大小错落的鼎与形制、体量相同的簋组合在一起，形成变化中的统一。

簋，盛黍、稷、稻、粱之器，相当于现在的大碗。形状一般为圆腹，侈口，圈足，有无耳、两耳、三耳，甚至四耳的。《周礼·地

天子九鼎八簋

四耳簋

官》："凡祭祀，共簠簋。"簋最早出现于商代，流行于周代。西周时期，簋的形制变化较多，有圈足簋、四耳簋、三足簋、四足簋和方座簋等数种。在商周奴隶制社会，簋与鼎等器物的性质一样，都有标志奴隶主身份高低的作用。

天亡簋

河南三门峡的虢国墓曾出土过七鼎六簋。其中，七件鼎的形制、纹饰相同，大小依次递减排列。而六件簋的大小、形制和纹饰均相同。这一套礼器的出土印证了西周人鼎簋制度的严格执行，也表明了墓主人的身份和地位。

迄今能见到的簋中，还有一件著名的"天亡簋"。天亡簋出土于陕西省岐山县，因作器者是周武王祭祀祖先时的助祭大臣，名叫天亡而得名；因铭文中有"王又大丰"字句，故又称大丰簋。该簋通高24.2厘米，口径21厘米，侈口、圆腹、圈足、方座，腹附四耳，耳作兽形，均有重耳。在器腹与方座外部均饰以张口回身的龙纹，圈足部饰变体龙纹带。腹内刻有铭文8行，共77字。记述了周武王举行祭祀大礼，祭天和文王，武王因受到文王的护佑，终于灭商。铭文内容是研究西周前期历史、祭祀制度的珍贵资料。

自西周后，簋的造型慢慢趋向简单、实用，渐渐失去了原本的面目，最终消失。

# 兵 器

"国之大事，在祀与戎"，这句话出自《左传》，意思是说国

早期的铜钺

家有两件重要的事：祭祀和战争。因此，最先进的技术最先用于制作兵器，青铜铸造技术也不例外。青铜兵器是从狩猎工具发展而来的，随着社会的复杂变化以及工艺的进步，兵器渐渐从狩猎工具中分离出来。青铜兵器是商周和春秋战国时代各国军队必不可少的装备，最常见的青铜兵器是钺。

钺，就是今天所说的斧子。早期的铜钺与石斧的形状相似，铜钺头形体扁平，具有弧形阔刃，后来刃部逐渐加宽，有的甚至呈月牙形。装柄时以柄夹住内，然后用麻绳绕过穿孔系紧。钺的基本样式有：有孔扁内式、宽体无孔扁内式和有銎狭刃式。

钺最初是用于斩杀的刑具。商周奴隶社会，奴隶主每当征战取得胜利班师的时候，要杀俘虏祭地神于社坛，称为献俘礼。在进行献俘礼的时候，就是用青铜钺砍杀俘虏，作为"牺牲"祭于社。奴隶主用它作为炫耀军功和威严的重要工具之一。例如云南晋宁石寨山出土的人纹钺，就是奴隶主为举行献俘礼而特别制造的斩杀工具。

商周时统治者常常杖着钺来指挥军队，所以大钺成为王权的象征。殷汤伐桀时，就是"汤自把钺，以伐昆吾，遂伐桀"。武王伐纣时，"周公旦把大钺，毕公把小钺，以夹武王"。可见以钺作仪仗往往是用在改朝换代的关键时刻。

后来，天子向诸侯和大臣"赐钺"，即表示授予征伐权。于是，钺成为军事统率权的象征。文献中有"赐弓矢斧钺，使得征伐"的记载，金文中也有"赐用钺，用征蛮方"。将军领兵作战之前，必须由天子在太庙内举行隆重的授钺仪式。授钺仪式之后，就等于国君将军权交给将军。从此，将军就有了指挥权与生杀大权。

古代人在钺的基础上又发明了矛。矛是中国古代军队中大量装备和使用时间最长的冷兵器之一。它构造简单，只有矛头、矛柄两部分。矛头分为身和骱（jiè）两部分。矛身中部为脊，脊左右两边展开成带刃的矛叶，并向前聚集成锐利的尖锋。有的脊两侧带凹槽，称饮血，为矛头刺入人体时出血进气，以减少阻力。骱是用来连接脊的直筒，下粗上细便于装柄。为防止拔矛时矛头脱落，有的矛骱两边铸有环状钮，可用绳穿过把矛头牢牢绑缚在柄上。1993年四川彭县（今彭州市）致和乡曾出土过一柄蛇纹宽叶矛，该矛短骱宽叶形，弓形双耳，骱两面饰有浅浮雕的四脚蛇，蛇头伸向矛峰，似欲扑噬。

春秋战国时期，战争更加频仍，为了获胜，当时的贵族毫不吝啬青铜，铸造了大量的兵器，戈由此开始盛行。

西周时期青铜矛

青铜戈和有翼戈

青铜戈

戈，古代时称勾兵，是战国以前的主要兵器之一，横刃，装有长柄。戈的长条形锋刃部分叫援，连接援的插入柲的部分叫内，援与内的分界处的突起部分叫阑，靠近柲的下端延长的部分叫胡，胡上的小长孔称为穿，以用皮索将戈固定于柲上。戈的形制有许多种，最基本的主要有直内戈、曲内戈、銎内戈、三角援戈和圭援戈。

青铜戈是中国古代车兵作战用的一种最常用的、最重要的格斗兵器，在古代战争中能够大范围内挥击，能勾能啄，可推可掠，具有极强的杀伤性，尤为适宜在战车上进攻时使用。

迄今为止中国现存最早的青铜戈是在河南偃师二里头遗址出土的直内戈，据考古学家测定，距今约3 500年。

随着社会经济的发展，武器材料和铸造工艺的不断提高，青铜兵器在实战中得到不断的创新和发展，出现了一种独特的青铜兵器——戟。

戟，是戈与矛的合体，形制呈十字形，戈可钩杀，矛可刺杀，兼有钩、刺两种功能，是一种较为进步的武器。戟在商代已经出现，春秋战国时大量采用。戟包括整体合铸的直内戟和联体合装戟两种形式，联体合装戟又分为矛戈合体式戟与多戈戟两种形式。

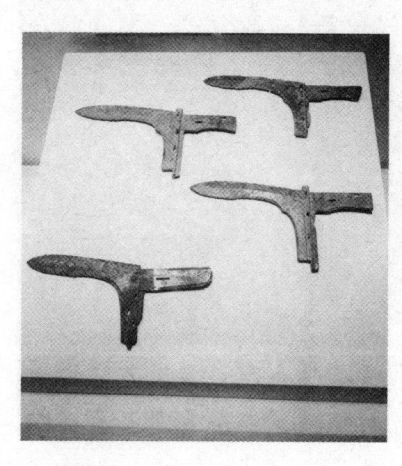

青铜戟

1956年在安徽省寿县曾出土一把青铜戟，属汉代兵器。戟的刺长37.8厘米，枝长16.5厘米，重395克。该戟呈现"卜"字形，上半部为戈头状，两侧有刃，顶端成锋，下半部平直，外侧有刃，内侧分设三圆穿，用以固定于柲上。刺内侧横出一枝，平直，上下两侧有刃，无锋。十字戟在汉代较常见，但此戟上半部向外斜出，与下半部形成夹角，尚不多见，且铸造工艺较高，是汉代戟中的精品。

由于形体方面的弱点和铸造工艺过于复杂，决定了这种兵器没有发展前途。西周晚期，戟便逐渐消失。

中国古代还经常使用一种兵器——剑。中国现存最早的青铜剑出现在商周时期，不过那时战争主要以车战为主，士兵多使用的是戈、戟和矛。因此，剑的地位没有得到提升。到春秋战国时期，剑器开始走向成熟，它的使用范围也越来越广。

剑，又称"直兵"，是一种用于刺劈的直身尖锋双刃的兵器。剑一般由剑身和剑把两部分组成。剑身部分前端的尖突称为锋，剑身中央凸起的棱称为脊。脊两旁称为从。从两面的刃称为锷。两从与脊合称为腊。圆形或扁形的剑把称为茎。茎和腊连接处起护手作用的细条形或凹字形物称为格。茎末端的圆形物称为首。茎上有几道突起，称为箍。

这一时期，统治者对于兵器的要求，除实战外，也很注意外观的审美表现。制作者对于兵器造型的对称和弧度、曲线的细微变化表现出特殊的敏感，有的剑还镶有错金铭文。

湖北荆州市楚墓群出土的春秋越王勾践剑就是这一时期的典型

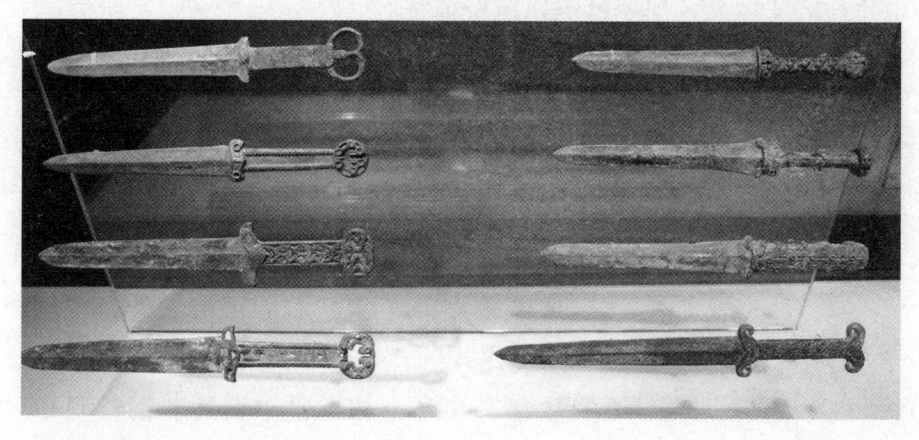

春秋青铜剑

代表。它长 55.7 厘米，宽 4.6 厘米，出土时还插在漆木鞘内。该剑比西周时期的青铜短剑稍长，有中脊，两侧出刃，利于格斗。出土时，

"天下第一剑"——春秋越王勾践剑

寒光逼人，锋利如初。以纸试之，20 余层一划即破，故享有"天下第一剑"的美誉。剑身上装饰着菱形花纹，剑格（剑柄与剑刃相接处）两面也用蓝色琉璃镶嵌着精美的花纹，中间靠近剑格处，镌有"越王勾践，自作用剑" 8 个错金鸟篆体铭文，故此考古学家将之命名为"越王勾践剑"。

## 乐　器

中国古代对乐十分重视，认为乐是宇宙谐和规律的体现。青铜乐器是古代礼乐文化的重要物质载体，为礼乐文化服务。它们制作精巧，造型优美，种类繁多，风格独特。

在贵族举行的祭祀、宴飨等礼仪活动中，一般都要以乐配合。尤其到了西周时期，礼乐制度盛行。为了严格地区分等级的不同，在用乐方面，有着严格的规定。

古代使用的乐器有很多，最早的莫过于距今四千年左右的铜铃。铃，中国最早出现的青铜乐器，形体较小，器壁薄，顶部有半环形钮，是单翼铃。铜铃是中国最早出现的有舌青铜乐器。在洛阳偃

出土的铜铃

师二里头夏文化遗址的考察与挖掘中，先后有四只铜铃出土。出土的铜铃均为青铜铸造，体形较小，器壁较薄，铃体上窄下宽，横断面为合瓦形铃体，一侧有扉棱，舞面为平面，上设有桥形钮。这些铜铃出土时，铃体皆被数层织物包裹，铃舌为玉质，保存完好，有的尚被置于铜铃腔内。铃、舌金玉相配，可见在当时为极其珍贵的物品。

除了铜铃，古代使用最为广泛的要数青铜编钟了。古代贵族用餐时列鼎于前，还要伴以乐器奏鸣，成语"钟鸣鼎食"和"鸣钟列鼎"，说的就是这种奢侈豪华的生活享受。因此，便有了"钟鸣鼎食之家"，用以称呼那些高官厚禄的人家。

钟，是古代的一种打击乐器，在祭祀或宴飨时使用，成编悬挂，用木槌打击乐钟的鼓部和鼓右的鸟图案，因此能产生两个音频。钟的各个部位都有专门名称：共鸣箱的平顶称为舞，正背的中上部直的阔条称为钲，其两边突出的乳钉称为枚，枚的上下间隔部分称为篆，以下称为鼓，弯曲的下口称为于，尖锐的两侧称为铣。悬挂钟体的柄形物称之为甬，甬的顶端称为衡，中段突出的部分称为旋，

古乐器——青铜编钟

旋上用以悬挂钟钩的孔称为干。甬钟在悬挂起来时，是前后倾斜的。

钟在使用时，以大小相次成组悬挂在架上，称为编钟。也有单独使用的一个钟，这种钟称为特钟。根据钟的顶部构造不同，钟又分为甬钟和钮钟。两者主体部分相同，甬钟钟顶有圆柱形的甬，甬上有方形或半圆形钮，以备侧悬于钟钩之上；而钮钟钟顶为桥形钮，可以直接悬挂。

编钟最早出现在西周早期，是西周时期青铜冶炼技术与音乐艺术达到一定水平的产物。西周时期的编钟多为三枚一组，后来编钟的件数逐渐增多，能奏出更为复杂的乐曲。1978年湖北随县（今随州市）战国初期曾侯乙墓出土了一套青铜编钟，是目前已发现的件数最多的古代青铜编钟。

曾侯乙编钟共65件，包括钮钟19件、甬钟45件和楚惠王送的一件镈钟。出土时按大小和音高为序编成8组悬挂在3层钟架上，总重2 400千克。其中最大的一件甬钟重203.6千克，最小的一件钮钟仅重2.4千克。与之同时出土的还有撞钟用的髹漆彩绘长木棒

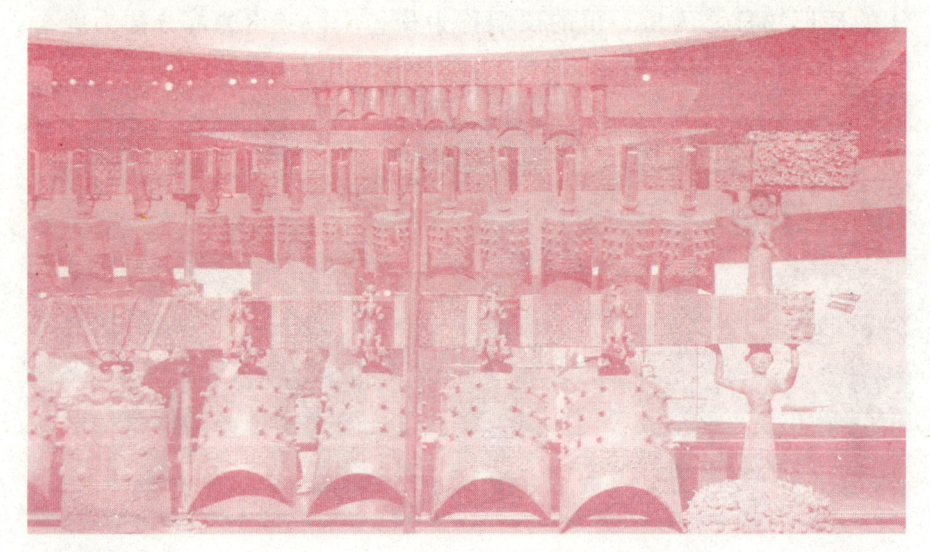

曾侯乙编钟

2根和敲钟用的T字形木槌6个。演奏时，由五位乐师操作，两人站在钟架内侧，各持一根长木棒撞击下层的大钟，三人立于钟架外侧，各持两个钟槌敲击中、上层的钟。

除悬挂于钟架上层的几件小钮钟朴素无饰外，其余各钟均进行了着意、精心的装饰，钟体上遍布着繁复、华丽的浮雕盘龙纹与蟠虺纹，有的还在甬部镶以红铜花纹。

不仅如此，钟上还有错金铭文。

曾侯乙编钟侧面近照（局部）

除刻有"曾侯乙作持"几个字外，其余的全部是关于音乐方面的记载，是研究先秦乐律的重要资料。据测试，这套编钟虽深埋地下2400余年，至今仍未失去原有的乐声。它音律准确，音色优美，能够演奏各种乐曲，令人惊叹不已。正因为如此，曾侯乙编钟被称为"编钟之王"。

编钟通常与磬结合使用。磬，是击奏体鸣乐器。《大戴礼记·礼三本》中记载："县一磬。"甲骨文中磬（古同"磬"）字左半边像悬石，右半边像手执槌敲击。磬起源于某种片状石制劳动工具，其形成在后来有多种变化，质地也从原始的石制发展演变到铜制。磬，最早用于先民的乐舞互动，后来用于历代帝王、上层统治者的殿堂宴飨、宗庙祭祀、朝聘礼仪活动中的乐队演奏。

磬，悬挂在架上，用木槌叩击。单个用的磬叫特磬，组合而用的叫编磬。曾侯乙墓出土的编磬共32件，32件石磬悬挂在青铜磬架上。在贵族雅乐中，钟和磬的声音是主旋律，所以古人非常重视编钟、编磬的配置。

其他青铜乐器还有铙、镈、鼓、錞、铎、钲等。1973年安徽庐江县曾出土一件商代青铜乐器兽面纹铙,该铙通高49.5厘米,柄长19.4厘米,铙口间37.6厘米,重31.8千克。铙身上大下小,横截面为橄榄形。铙柄中空,通于铙体内腔。铙体表面饰浮雕状兽面纹,纹饰粗壮突出,并用细线勾勒卷云纹,还在兽面纹的空隙处衬以细小卷云纹地,从而形成粗细形态不同的三叠纹饰,富有立体感。铙柄与口上皆饰变形兽面纹,线条细腻优美清晰,同时铙体内外很少出现铸造缺陷,形体的精确,保证了音律的准确,这在现在的技术条件下也很难铸造出来。

## 其他日用器

在古代,最初人们是用陶盆盛水以鉴容,因此,盆又称为鉴。进入青铜时代以后,开始用青铜来制作镜子。铜镜,多为圆形,正面微凸,光洁明亮,用以鉴容。背面中间有钮,用以系绳悬挂。周围铸有纹饰,富有艺术性。齐家文化铜镜是目前发现的最早的铜镜标本,距今4 000多年。铜镜一般分为形制、镜面、镜背、钮、钮座、内区、中区、外区、边缘,带有装饰的铜镜还分为铭带、镜铭、主题纹饰等。到了战国时期,尤其是战国中期以后,随着封建制度的最终确立,青铜礼器衰落,而铜镜等日常生活实用的青铜器的生产大为发展起来,并得到了普遍的应用。例如在湖南长沙发掘的战国时期

宋代花鸟纹菱花镜

的楚墓，约四分之一都随葬有铜镜。

秦汉以后，铜镜继续发展，出现了铸有铭文的铜镜。尤其是透光镜的出现，反映了制镜工艺的高超水平。隋唐时期铜镜制作工艺达到了高峰，器形厚重，花纹精美，如瑞兽葡萄镜、月宫镜等，具有很高的艺术价值。宋代流行菱花镜，纹饰以缠枝、花草、牡丹为主。明清时期玻璃镜开始流行，取代了铜镜，成为主要的鉴容用器。由此，铜镜退出了历史舞台。

在日常生活用品中，带钩在战国时期得到了普遍的使用。带钩是束腰皮带一端的挂钩，一般为琵琶形，最初由北方草原民族传入中原地区。带钩的基本形制是下端有钉柱，钉柱钉于皮带的一头，上端曲首作钩，用以钩挂皮带的另一头，中间有钩体。秦汉时期带钩广为流行。魏晋南北朝时期带钩衰落，被铰具（带扣）所代替。

同样作为日常生活用品的青铜灯，从战国时期开始有了很大的发展，内盛油脂或蜡烛，点燃用以照明，其形状多仿陶豆。灯的样式很多，归纳起来可分为三类：第一类是高座灯，上有浅盘，用以插烛或盛油；中间有柱，以便执掌；下边是灯座，以便放稳。第二类是行灯，浅圆灯盘，直口平底，盘下承三足，盘侧有执柄，一般有铭文自称"行灯"，多用于夜间导行。第三类是艺术造型灯。这类灯工艺考究，式样繁多，多为王孙贵族使用，常见的有人形、羊形、鸟形、树形、兽形等。

秦汉时期青铜灯开始广为流行，著名的有河北满城西汉窦绾墓

长信宫灯

出土的长信宫灯，它表面通体鎏金，耀眼华贵，灯具的整体形状是个宫女，左手执灯，右手及衣袖笼在灯上，借势形成灯罩。灯盘和灯罩都是灵活的，点上灯后，可以随意调节灯的亮度和照射角度。

为了灯的美观实用，人类创造了各种形状的灯具。如湖南省长沙市北门桂花园出土的一件青铜牛灯，形制新颖，别具一格。它通高50厘米，长40厘米，宽25厘米，是西汉时期的产物。

青铜牛灯由灯座、灯盘与通烟管道组成，颜色呈淡绿色。灯座为一温顺驯服的牛，是南方地区常见的水牛形象，牛嘴平齐，以几道线条表示嘴、鼻等器官，眼呈菱形，眼珠突出，两耳下垂，双角长而弯曲，角尖与耳连在一起，下有四个蹄状矮足。牛背中部有一圆洞口，口上放置圆盘状的灯盘。次灯形象生动，设计合理，灯盘和遮光板都可活动，调整灯光照射的方向。遮光板既可挡风，又可集光。这件青铜牛灯既实用，又具有很高的审美价值，是汉代劳动人民智慧和创造才能的结晶。

在常见的日用型的器物中还有车马器。车马器主要包括辖、毂

陕西秦始皇陵出土的彩绘铜车马

饰、轴饰、辕首饰、衡饰、銮铃、衔、轭饰、踵饰、舆饰等。典型的代表有1980年12月在陕西秦始皇陵出土的铜车马，此车马全是按照真车真马的二分之一比例制造。车马的各个转动部位与真车马一样，都能灵活转动与开启。从铜车马中我们可以看到古代车马的各个部件以及各种装饰。

熏炉也是日用器具的一种。熏炉，是用来熏香及取暖用的器具。圆形，大腹，两侧有环，多为宫廷及富贵人家拥有。因此，它也是身份和地位的象征。起初是由古代宗庙香火祭器演变而来的，中国古代很早就开始使用，秦汉时期较为常见，到东汉时期尤为盛行。著名的博山炉就是其中之一。

博山炉，体呈半球形，上有镂空的山形盖，盖上雕有人物和龙、虎、猿等各种动物，穿行云气中，山间有镂孔，香料在炉火燃烧时，烟气可从镂孔中冒出，有如仙气缭绕，给人以置身仙境的感觉。底座呈圆盘形，用以盛水，助蒸香气。中间有圆柱与炉体相连接。

博山炉

汉朝开始，贵族富人追求奢丽、夸富耀贵之风愈演愈烈。1965年在河北定县出土了一件错金银镶嵌铜器狩猎纹车饰就是很好的例证。此器长26.5厘米，直径3.6厘米，中空，形似竹管，或车伞盖之柄。器分四段，各段除金银纹饰外，皆用黑漆填补空隙，磨光错平。

狩猎纹车饰

器花纹是在山峦起伏、云气缭绕之中饰以与畋猎有关的各种物象，如骑象、猎人骑马、胡人骑驼等，仅描绘人和动物就达130多个。用来镶嵌的金银丝，细如毫发，精美绝伦。

不仅如此，古人还非常喜欢极具艺术价值的青铜雕塑，甘肃武威出土的铜马群中有"马踏飞燕"铜塑，也称铜奔马，就是很典型的一例。该雕塑展现了一骏马昂首长嘶，急速飞奔，三足腾空，一足踏越飞燕的精彩瞬间，以点足支撑整个飞马的重量，凸显了雕塑家高超的力学修养。

日用型的青铜器物还包括青铜货币。随着奴隶制的没落，商品经济开始发展，青铜货币开始出现。到了战国时期，由于商品经济又有了很大发展，促使青铜货币有了空前发展。作为一种固定的等价物，青铜货币逐渐融入了人们的日常生活，开始广泛流通与使用。春秋战国常见的货币有布币、刀币、圆钱和铜贝。秦始皇统一中国以后，适应社会历史发展的趋势，用秦半两钱统一了全国的货币，促进了社会经济的进一步发展。到汉唐宋元明清时期，出现的青铜货币有五铢钱、宝文钱以及铜板等。

1959年在山西侯马牛村古城南晋国遗址出土了12枚春秋晚期用青铜仿照当时

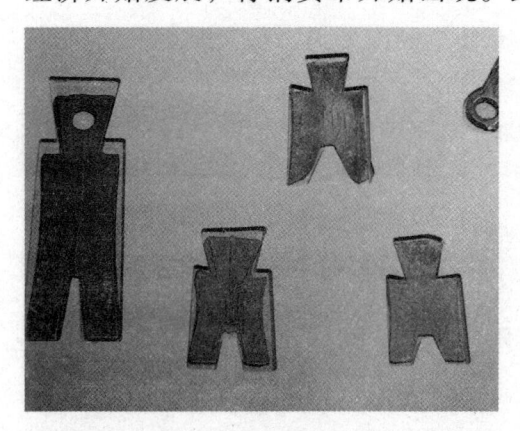

战国古钱币——布币

耸肩尖足空首布

使用的青铜铲的形状铸造的货币，高约12厘米，耸肩尖足，平裆，其中一件有面文六字。柄部中空，称为空首布。

与货币密不可分的青铜日用器物是度量衡器。度量衡器是测量长度、容积或重量的器具，是社会经济发展到一定阶段、社会历史发展进入文明时代的产物。随着封建制度的确立，实物租税逐渐代替劳役地租。商品经济进一步发展，为了便于商品交换与征收赋税，精确耐用的青铜度量衡出现了。度量衡器包括尺、量、衡、权等。战国青铜量器最著名的是秦国商鞅变法时制作的标准器方升。长方形，一端有柄，全长18.7厘米，内口长12.477 4厘米，宽6.974 2厘米，深2.323厘米。作为统一量制用的标准器，方升壁上刻有它的容积，即16.2立方寸为一升，这对后来秦始皇统一度量衡产生了很大的影响。

青铜方升

作为历史悠久的农业大国，与人们息息相关的日用器还有农具。农具主要包括铲、镰、锄、锛、斧、斤、凿、锯等。中国的青铜冶炼工艺早在夏、商、西周三代之前已经出现，经过长时期的传承发展，在春秋时期得到了进一步的提高，无论是在质量上还是在数量上均取得了一定发展。青铜农具遂日渐应用于农业生产。山西侯马春秋晋国铸铜遗址和河南新郑郑韩故城铸铜遗址，相继发现不少铸造铲、镰、斧等工具或农具的陶范，说明黄河流域青铜农具的生产乃至使用已有一定的规模。不过由于铜材料相对有限、铸造工艺复杂、青铜工具硬度不理想等因素，青铜制造的农具并未被广泛推广。

# 第三章 铸造之法

## 陶制块范法

金属冶炼的发明，标志着人类社会从野蛮时期进入了文明时期。而青铜器的出现，标志着生产已发展到新的阶段。中国青铜器制作基本上分为熔炼铜矿石和具体铸造青铜器。最早的青铜是用铜矿石、锡矿石、铅矿石直接冶炼出来的，成分比例无法控制。随着冶炼技术的提高，先分别炼出纯度较高的铜、锡、铅，再根据铸件要求，将不同比例的铜、锡、铅熔炼成合金，从而得到物理性能各异、满足各种用途的青铜器合金。在青铜器的铸造上，有很多种铸造方法，在中国最早出现的是陶制块范铸造。

陶制块范铸造，是从新石器时期发达的制陶技术演变而来的。先用泥做成即将铸造的青铜器物的形状，然后在此泥模上翻制出泥范，并在范上留刮出青铜器壁的厚度，最后入火烧制成外范。与此同时制成内范，内范的体积相当于青铜器的容积。将内范和外范装配在一起，再用麦秸等有机物留出气孔，浇注时将金属溶液注入内范与外范之间的空间。

浇注之后经过打磨，即成为精美的青铜器。

陶制块范铸造的过程主要包括作模、翻范、作内范、合范、浇注和打磨修整等工序。

首先，铸器物之前，先用陶泥做个样子作为初胎，它是制范的基础，这种陶模又称为母型。如要在器物上饰花纹，先在模上画好花纹，花纹的凹入部分用刀雕刻出来，凸起部分用泥琢好后再加贴上去。

其次，将细筛过的泥土调制和匀，拍打成片，按在陶模外部，用力压紧，使陶模上的纹饰反映在泥片上，等泥片半干后，再按照要铸造的器物特点，将其划成若干块。划下的每一泥片阴干或用微火烘干，再合成一个外腔，即成为所要铸造器物的外范。

再次，一般铸造简单的铜器（如工具和兵器），是用两个单合范合成的。铸造空体器（如鼎、爵之类），需有内范和外范。内范又称范芯，小于外范，做内范的方法一般是将原来的泥模外表刮去一层，即可成为内范。外范与内范中间的空隙为熔注液处，两者的距离（空间）也就是所要制作器物的器壁厚度。在浇注之前，先要将外范拼好合起来。

然后，为防止在灌注铜液时产生的张力将拼好的范冲开，便用泥土围填外范，起到加固作用，并留有灌浇孔和通气孔。铜液向范内浇注后，待其冷却凝固，便将围填外范的泥土和内范打碎，将造好的器物取出。

器物脱范后，表面往往是粗糙的，花纹也不够清晰。最后，只有经过打磨修整加工，才能成为一件表面光滑、花纹清晰、色彩锃亮的青铜器。

用陶块范法铸造器物是破范取器，"一范一器"，故没有两件铜器会是一模一样的。

青铜器上一些复杂的部件、立体的附饰和活动的提梁，往往采

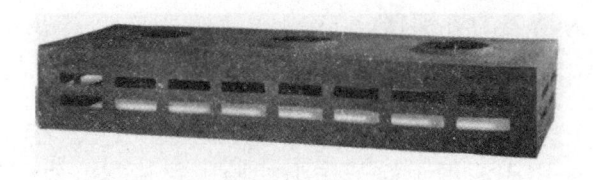

西周夔纹铜禁

取二次铸造法或分铸法来完成。

像这种一次浇注完成的，俗称"浑铸法"。比较复杂的器形则是先铸附件，后铸器身，或是先铸器身，然后将附件铸接上去，称为"分铸法"。中国在商代已经使用分铸法，东周时期分铸法的使用更加熟练。商代和西周铜器的装饰纹样多在泥模上雕刻，有的在外范上加工。东周时期有的采用花纹印版在模上捺印，有的可能是将印出花纹的泥片贴附在模胎之上，这样就提高了工效。

一件青铜器的制作往往是分工合作的。1926年陕西宝鸡斗鸡台出土的西周夔纹铜禁，铸造时必须用几个熔炉同时熔炼铜液，并采取二次铸造法或分铸法来完成。该铜禁器形为扁平立体长方形，长126厘米，宽46.6厘米，高23厘米。铜禁前后两面各有长方形孔16个，左右两面也各有两排长方形孔4个。禁面上有三个突出的中空子口，即置于禁上的圈足之内，可以稳定上面所放置的酒器。铜禁四壁镂空，四面装饰有精美、生动的夔纹纹饰，形态生动逼真。尽管这种夔纹是人们幻想出来的动物，却被塑造得有血有肉，活灵活现，充满了盎然生机，是西周人民劳动和智慧的结晶。

盛行于商代和西周时期的觚，也是中国古代一种饮酒的容器。通常圈足，敞口，长身。觚通常为浑

沙溪沙北村四组窖藏出土的觚

062 中国青铜器和瓷器

铸法铸造而成，于1973年沙溪沙北村四组窖藏出土的觚就是典型的代表。该器是明代仿西周时的酒器，为方形喇叭大侈口，长径，腹部略鼓，喇叭口形圈足。领饰蕉叶纹图案，叶内饰回形纹等。腹饰相向云雷纹及蚕纹，圈足饰回形纹及云纹，颈下及腹、足皆有4扉棱。器体附有铜锈和土锈。器底刻铸长方形"大明宣德年制"楷书托款。

春秋以后在陶制块范铸造的基础上还出现了失蜡制造和复合金属制造的方法，进一步提升了青铜器铸造的工艺。

## 失蜡法

古代铸造金属器物一般都是采用陶制块范法铸造，然而一些外形复杂、特殊的器物采用此法就十分困难，例如外形呈弯曲状的具有镂空立体装饰花纹的器物等。为此，古代劳动人民在长期的生产实践中发明了失蜡法。

所谓失蜡法，就是先用蜡料制造一件需要铸造的器物。由于蜡料具有受热变软、遇冷变硬，可塑性好的特点，蜡料就像用水和好的黏土一样，可以塑出各种各样形状不同的器物来。更重要的是，蜡料的硬度低，又可以在制好的蜡模表面制作出繁复的花纹图案来。在制作好的蜡模表面涂以砂、石的粉末等，干燥后就形成了坚硬的外壳，然后进行加热。因为蜡的熔点很低，加热时蜡模很快就熔化而流了出来，只剩下砂、石的粉末制成的外模，这种外模就是用来浇注金属器物的模范。因为该模范是通过蜡的流失而形成的，所以这一铸造方法被称为失蜡法。

作为金属铸造工艺的一种，失蜡法的应用在中国有着悠久的历史，是中国冶铸史上的一项重大发明。它是铸造器形和雕镂复杂器物的一种精确度较高的铸造方法。中国在春秋时期出现了失蜡法铸造工艺。目前出土的最早使用失蜡法的铸件，是1978年5月河南省淅川楚王子午（令尹子庚）墓出土的青铜禁。根据铸造方面的专家研究，该青铜禁的蜡模是由28个部件焊成，焊接部位不够平整，焊缝较宽且走向不直，具有蜡料热焊时的特征，与陶范拼合铸接的铸缝截然不同。

该青铜禁四周围着的龙，纹饰结构复杂的框边是用失蜡法铸造的，框边立体的错综结构的内部支条，尚可见蜡条支撑的铸态。由此可见，在春秋中期和晚期之际，失蜡铸造的技术已经相当成熟，能成功地铸造最复杂的器件。

该器身为长方形，通高28.8厘米，通长103厘米，通宽46厘米，重90多千克。整体由三层粗细不同的铜梗相互套结，纤巧精致，似焊无焊缝，似铆无铆痕。通体镂空透雕云纹。禁上面正中是一长方形平台，为放置器皿用的。禁身四周攀附有12只铜怪兽。怪兽

河南省淅川楚王子午墓出土的青铜禁

有角，张口伸舌，凹腰，兽面状，尾上卷，前爪攀附禁沿，后爪紧抓禁外壁，似欲吞饮禁上的美酒。禁下附虎足 10 个，虎昂首挺胸，凹腰扬尾，虎尾作管状与禁下铆钉相接以承托禁身。整个器物造型庄重，制作精美，实为罕见的珍品。

这件造型别致、纹饰精巧的青铜禁，是迄今为止中国发现的用失蜡法铸造的年代最早的器物。这件器物所创造的意象，既有传统的宗教信仰与神灵崇拜的成分，又有着更为重要的审美意识的表露，透露出这个时期人们在艺术上将新奇与华丽相结合，从而建立了自己的风格。该青铜禁造型奇特，结构复杂，充分展示了春秋时期劳动人民高超的铸造水平，这也是这一时期劳动人民智慧的结晶。

湖北随州曾侯乙墓出土的战国时代的尊盘上的玲珑

湖北随州曾侯乙墓出土的尊和盘

曾侯乙墓出土的盘的四个附耳之一，装饰有复杂的蟠虺纹饰

剔透的透空附饰，也被确认为是用失蜡法铸造的铜器，为公元前5世纪制作的精品。出土时尊置于盘内，两件器物放在一起浑然一体。尊高33.1厘米，口宽62厘米；盘高24厘米，宽57.6厘米，深12厘米。尊和盘均铸有"曾侯乙作持用终"铭文。

该尊敞口，呈喇叭状，宽厚的外沿翻折，下垂，上饰玲珑剔透的蟠虺透空花纹，形似朵朵云彩上下叠置。颈部饰蕉叶形蟠虺纹，蕉叶向上舒展，与颈顶微微外张的弧线相搭配，和谐又统一。在尊颈与腹之间加饰四条圆雕豹形伏兽，躯体由透雕的蟠螭纹构成，兽沿尊颈向上攀爬，回首吐舌，长舌垂卷如钩。尊腹、高足皆饰细密的蟠虺纹，其上加饰高浮雕虬龙四条，层次丰富，主次分明。

该盘直壁平底，四龙形蹄足，口沿上附有四只方耳，皆饰蟠虺

湖南省岳阳市筻口镇出土的铜盏

纹，与尊口风格相同。四耳下各有两条扁形镂空夔龙，龙首下垂。四龙之间各有一圆雕式蟠龙，首伏于口沿，与盘腹蟠螭纹相互呼应，从而突破了满饰蟠螭纹常有的滞塞、僵硬感。整套器物纹饰繁缛，穷极富丽，其精巧达到先秦青铜器的极点。尤其是器上的镂空装饰，透视有若干层次。曾侯乙墓尊盘的出土，表明在战国早期，中国的失蜡法铸造技术已经达到极高的水准。

1986年湖南省岳阳市筻口镇出土的铜盏，其盏盖上有蛇状铜条盘结而成的镂空盖钮、各由两条小蛇状铜条盘结而成的3个盏足，均是采用失蜡法铸造而成的。该铜盏的年代是春秋中晚期。

## 复合金属铸造法

为了增加装饰作用和实用效果，中国古代使用了复合金属铸造工艺，即以两种不同的成分的青铜合金熔铸或嵌铸成器物，或是青铜和铁合铸工艺。商周时代铸造青铜器已能使用两次或多次的分铸法，或局部嵌铸法。分铸法是较为复杂的一种方法。按其铸造的先后顺序又可分为先铸法、后铸法、嵌铸法等步骤。分铸法多用于尊、罍的兽头装饰，例如1939年于湖南宁乡出土的四羊方尊就是采用分铸法铸造而成的。

春秋晚期到战国时代，出现了用两种不同成分的青铜合金熔铸或嵌铸成器，也有用青铜和铁合铸的。这类工艺，有的为了提高装饰性，

商代遗址中出土的铁刃铜钺

也有的为了实用效果，在当时能起到很好的作用。

1972年在河北藁城台西村商代遗址中出土的铁刃铜钺就是复合金属铸造工艺的典型代表。

该钺残长11.1厘米，阑宽8.5厘米，外刃部断失，残存刃部包入铜内约1厘米，已全部氧化。经鉴定，该刃为陨铁制成。陨铁的主要成分是铁、镍，其镍含量一般在4%—20%。

迄今为止，中国出土了4件陨铁刃青铜兵器。除上钺外，还有北京平谷区刘家河商墓出土的陨铁刃铜钺1件，残长8.4厘米，呈长方形，有上、下阑，铁刃嵌入钺身内约1厘米，已全锈蚀。另两件是1931年河南浚县出土的商末周初的铁刃铜钺和铁援铜戈。前者长17.1厘米，宽10.8厘米，重437.5克；后者长18.3厘米，宽7厘米，重378.5克，现存美国华盛顿弗利尔美术馆。

河北藁城出土的铁刃铜钺表明中国在公元前14世纪前后已能识别金属铁，复合金属铸造水平已经达到相当高的水准，并能利用这种铸造工艺锻打成各种兵器。

青铜铸造工艺的成熟，为青铜器生产提供了物质和技术基础，最初只用于礼仪和祭祀的青铜铸件，很快普及到生产工具、兵器用具和日常生活用器上来。就其特点而言，它既具有石器的坚硬，又具有陶器的可塑性，可以按照设计者的需要，自由地创造适用且美观的器形，因此，为设计思想提供了广阔天地和较大自由。

春秋时期成书的《考工记》，已总结出铜锡合金的六种配比，用以铸造不同使用要求的铜器器物。作为刺杀的青铜剑为了锋利，需用质硬的高锡青铜，但格斗时因脆性易折断。为了解决这种矛盾，就用不同成分的青铜合金，采用两次铸造工艺，先用低锡青铜铸造剑脊，再用高锡青铜铸造锋刃部分并包住剑脊，使青铜剑刚柔并济，从而大大提高了青铜剑的格斗性能。

著名的越王勾践剑是中国古代劳动人民在合金冶炼技术方面的

重要创造的典型代表,其工艺过程大概是先浇注含铜量高的剑脊,再浇注含锡量高的剑刃。因为铜的熔点高于锡,按熔点高低依次浇注,既不会使先浇注部分熔掉,又可将两部分复合为一体,使剑刚柔相济,坚韧有加,又锋利无比。

  专家分析表明,越王勾践剑的基体是锡青铜,主要成分是铜、锡以及少量的铝、铁、镍、硫组成的青铜合金,而花纹则是锡、铜、铁的合金。剑身含有微量的镍。至于宝剑的菱形花纹,有人认为是经过硫化处理的,这也是越王勾践剑千古不锈的原因。越王勾践剑的铸造和表面处理,代表了当时铸造工艺的最高水平。

著名的越王勾践剑

# 第四章 青铜之美

## 铭　文

中国古代最早的文字是甲骨文。甲骨文是夏、商时代用刀刻在龟甲、兽骨上的文字。商周时期出现了金文。金文也称铭文，是铸刻在青铜器上的文字。因为青铜器铭文以刻于钟、鼎上的居多，所以又称钟鼎文。宋代人又叫它款识，但款与识又有别。款是青铜器上凸出来的文字，识是青铜器上凹下去的文字，简而言之，阳文曰款，阴文曰识，合称款识。

青铜器铭文记述了器物的主持制造者、制作年月、制造缘起以及有关事件等，包含丰富的历史文化信息，具有文献档案的意义。由于有青铜器铭文，后代人才有可能了解器物铸造的各种背景情况。目前已发现的有铭青铜器有1万余件。这些铭文是当时记录的第一手资料，具有印证史书、补史书之佚、纠史书之错的功能。一些重要的青铜器铭文成为夏商周断代工程研究和中国上古历史研究的重要依据。

铭文有铸成的，也有刻或錾成的。商代至春

秋时期的铭文，一般是铸成的；战国至秦汉时期的铭文，一般是刻或錾成的。铭文是研究商周社会的极其重要的资料，因为铭文记载了许多重要的历史事件和社会习俗。青铜铭文主要分为以下几类：

第一类内容是祭祀典礼。商代的青铜器铭文字数少，一般是一两字，或三五字，最多也没有超过五十字的；西周的青铜器铭文增多，超过百字的不少，著名的带铭文的器物有令方彝、颂鼎、师虎簋、虢季子白盘、克鼎、盂鼎、散氏盘、齐侯镈、毛公鼎等。

甲骨文

尽管字数有限，但铭文的出现体现了那一时代强大的精神力量和充满自信的创造力。如河南安阳妇好墓出土的后母辛鼎，虽然只有三个字，然而排比交错，气度不凡。"后母辛"三字将"母"字形体拉长置于右侧，与"后""辛"两字结构相呼应。"辛"字结笔有力，颇有金刚杵的味道。两侧的铭文的运笔都是方中寓圆，有轻重粗细变化，是典型的祭祀典礼文体。

第二类内容是赏赐赐命。从商代后期以后，慢慢出现了一些较长的铭文。清道光初年在陕西眉县礼村出土的大盂鼎，造型端庄凝重，骨气森然，内壁上铸有铭文29行，共计291字。

周朝的成康之际，是少有的安宁阶段，由于这一时期社会稳定，带来了经济的发展和文化的进步。在这样的历史条件下，大盂鼎应运而生。

大盂鼎铭文是西周铭文鼎盛时期的代表作。它中锋用笔，骨肉匀停，点画充满内力，深沉，含蓄，凝练，朴茂，既沉着稳重，又自然苍劲，起收笔略尖，看上去仍有甲骨遗风，中截丰实，呈明显的用锋迹象，直笔略带楔形，弯笔弧度不是很大，与甲骨不同的是以复笔写成一些团块状的圆点，十分醒目，弧捺作金刀状，森严中不失悠扬的气韵。该铭文记述的大意是康王廿三年，对贵族盂的任命，是一篇典型的赏赐赐命文体。

整篇铭文的结构舒展大方，取势端庄，行款茂密。各部分的安排妥帖精严，轻重、俯仰、疏密、正斜都能有避有让，没有一丝一毫的随意处，处理得十分精心，总是力求匀整平衡。空间的分割上密下疏，差不多每字一格，一切的变化都寓于大体整齐的行列之中。

第三类内容是训诰群臣。如著名的周宣王时期铸成的毛公鼎，其铭文是所有出土的青铜器中铭文最长者。该铭文共32行，497字，记述了宣王中兴之后，四方动乱，大纵不静，王命毛公谨遵先王遗命，辅佐协事，夙夜不息，精勤政务，不荒于酒色，立誓受天保民，为王室尽忠及给予重赏等，是典型的诰命文体。

《毛公鼎》铭文，字体结构严整，瘦劲流畅，布局不驰不急，行止得当，是金文作品中的佼佼者。该铭文随器物的形状呈弧弯向排列，大体上是行列清晰的斜矩形。全篇以大篆书写，笔力沉雄坚劲，笔势自然平匀，笔法运用精熟，笔画圆润中和。用笔纯以圆笔中锋，凝重扎实，立体感强，直画相对要短，如锥画沙，曲画较长，圆融简静。用笔逆入平出，起势略圆，收势亦圆，略有尖出，但不过分，提按幅度不大，早期金文的象征性特征进一步减弱，粗细比较圆匀一致，但已经注意到笔画少的字点画粗重，笔画多的字点画细密，以此取得相对的平衡与人为的自然。全篇洋洋洒洒，有一泻千里之势，气势磅礴，如繁星满天，各放异彩，苍穹碧透，蔚为壮观。

第四类内容是典章制度。彝是礼器的一种，古代用来盛酒的一种容器。商周时期，彝器一名用作青铜礼器的泛称。例如1955年陕西眉县李村出土的盠方彝，该彝内壁铸铭文10行108字，记载作器人盠是周王的同宗，周王命盠掌管司徒、司马、司空和周六师、殷八师的军政和屯田事务，并赐盠衣物、玉佩和车马饰等厚赏，盠因此作器以记其荣宠，颂扬天子恩泽。这是中国最早有屯田的文字记录，是研究西周社会政治、经济、军事、书法艺术的重要实物资料。该铭文是比较典型的典章制度体。

第五类内容是颂扬先祖。盘是盛食器的一种，到西周时期，盘有双耳，圈足或者在圈足下再加三个小足。如1976年12月陕西扶风庄白村出土的史墙盘，是西周恭王史官墙所做的礼器。盘高16.2厘米，口径47.3厘米。圆形，浅腹，双附耳，圈足，造型稳重，制作精巧。内底铸有铭文18行284字。铭文前半部分颂扬西周文、武、成、康、昭、穆诸王的重要政绩，后半部分记述墙所属的微氏家族的家史，与文献记载可相印证，是研究西周历史的重要史料。

史墙盘铭文书法努力追求一种平整的秩序和法则，但表现得并不轻松，点画结体和章法都存在粗细长短、大小正侧和疏密虚实的偶然失控。然而正是这些失控，给作品带来了规整而不呆板、变化而又含蓄的动人魅力。该铭文盘是典型的颂扬先祖文体。

第六类内容是征伐纪功。例如毛公鼎铭文，反映的是西周宣王时期，宣王在经历了周厉王的残暴统治之后，登上了历史的舞台，他借鉴周厉王失败的教训，开始重修政德，效法文、武、成、康等先祖遗风。

虢季子白盘

在周宣王的努力下，周朝又有了一段短暂的复苏，各路诸侯开始重新朝拜周天子。

出土于清道光年间的虢季子白盘，是现存商周青铜水器中最大的一个。该盘刻有 111 个字。铭文记述了西周宣王时期，虢季子白奉周天子之命征伐猃狁，荣立战功，受封周庙的史实。通篇铭文以阳部字为韵，韵字依次是：方、阳、行、王、飨、光、王、央、方、疆。该铭文是比较典型的征伐纪功文体。

## 纹饰艺术

青铜器上常常饰有各种不同的纹饰，这些纹饰在一定程度上反映了每个时代的手工艺水平。商周时期是奴隶制社会，奴隶主是统治阶级，广大奴隶是被统治阶级，奴隶主支配着物质生产资料，垄断了青铜器的铸造，强迫奴隶工匠为他们铸造青铜礼器。这些青铜礼器从造型、纹饰到铭文内容，根据"礼制"的需要都有严格的规定，表现了这一时期的社会宗教迷信严重，而且等级森严。青铜器作为一定阶级身份的象征，在纹饰上力求表现统治阶级的思想意识及装饰艺术水平。因此，青铜器的纹饰尤其受到重视。

这里所说的青铜器的纹饰艺术主要指的是青铜器纹饰的布局。布局，在中国图案中又称为经营位置。布局有着自己的规律，在图案装饰中起着至关重要的作用。中国图案中的布局像中国书法的布局一样，以米字形和九宫格为基地，以一定的规律安排所要表现的线条块及虚实等关系。青铜器纹饰在构图布局上达到了相当成熟的程度，既吸收了前代陶器图案艺术的精髓，同时又有新的发展与提高。

陶器图案多表现几何纹样，青铜器纹样中的几何形图案，不少都是直接承继陶器纹样而来，例如弦纹、网纹、绳纹、连珠纹、涡纹、卷云纹、波曲纹、雷纹等等。青铜器纹饰大多以动物及其变体为图案，且图案画面多比陶器要大，纹饰也更繁缛，因此，青铜器纹饰的布局更显得复杂，许多成功之作更显其重要艺术价值。

中国图案中的布局方法有平视体和立式体两种。铜器上的纹饰不少采用了平视体的布局方法，其中战国时期的人物画像图案更是这种布局的杰出代表。这样的布局，人物、器具、背景在画面上互不重叠，互不遮掩，不仅在制作上方便，图案效果还更为突出、清晰，具有强烈的韵律感。

铜器纹饰中用得最多的要算对称布局方法，这种方法多为左右对称。兽面纹的对称无一例外，其他诸如夔龙纹、凤鸟纹和其他动物纹都有很多对称的佳例。对称纹饰，一是在图案形式上，可以产生均衡感和稳重感，从而强烈地衬托出商周青铜祭器的威严、肃穆和神秘的气氛；二是与器物外形的塑造相结合，为青铜器用模块制作花纹使之达到工整、准确的要求，提供了有利条件。

青铜器纹饰还运用了横卧式S形的构图布局方法。这种方法主要用于几何形纹饰，有的动物纹饰也运用了类似的构图，最为典型的是窃曲纹，一般都组成S形。这种产生于西周中晚期的纹饰，是当时乃至春秋战国最为流行的一种纹样，它打破了商周铜器纹饰在布局上多用对称，以工整、严谨而闻名的传统，并且以大量的曲线代替了商代常用的直线，由方折挺拔之貌转而成圆润柔和之容，使纹样构图异常活泼、清新、秀美，给人以极强的运动感和生命活力。虽然此种布局方法在新石器时代的彩陶上已

碧玉兽面纹璧

075

经开始运用,但青铜器纹饰的运用则更为娴熟,更富有变化了。

铸造者特别讲究青铜器纹饰的布局,这是有原因的。首先青铜器纹饰的布局有利于调节器物的重心,保持器物的稳定性。

中国古代青铜器从夏代到两汉,流行时间长,数量众多,形式丰富多彩。

商代印纹陶大口尊

就器类而言,有口小身大的容器,如铜壶、卣、瓿、罍等,器物本身的稳定性较好;有口大身小的容器,如大口尊、铜觚等,器物本身的稳定性就较差。另外,就某一类器物而言,出于实用目的或者追求艺术效应,制作者也会别出心裁地创造出一些与众不同但稳定性较差的式样来。

为了保持铜觚的稳定性,铸造者会采取多种方式,有的在圈足和腹部同时装饰花纹,有的在此基础上再增加扉棱,总之要加大器物下半部的分量。很多铜觚的颈部没有纹饰,即使有,也是蕉叶纹之类的纹饰,排列稀疏,其目的之一在于尽可能不多增加器物上半部的分量。

所谓"四两拨千斤",简洁的纹饰也能在保持器物稳定时起重要作用。最为简洁的纹饰当属弦纹。亚址尊,商代晚期器,是一种觚形尊,从口沿到圈足,仅在腹部及圈足各饰有两道弦纹,虽然简单,但是不可小看了它。腹部的两道弦纹处于亚址尊的中部,也正是人们视觉关注的地方,从而将仅有的纹饰效应发挥到最大极限。圈足的两道弦纹,与腹部的两道弦纹相呼应,加重了圈足的分量,起着稳定全器的作用。

其次,青铜器纹饰的布局总是巧妙地与青铜器的形态相呼应,并且有利于加强青铜器形态的特点。例如父庚觯,西周早期器,觯的口沿下至颈部装饰蕉叶纹。蕉叶纹也叫仰叶纹，一般装饰在器物的颈部，凡是有颈部的青铜器，如簋、尊、觯、爵、觚、斝等，多装饰蕉叶纹。由于蕉叶纹向上生长，下宽上窄，叶子向外反卷，有一种朝外的张力，因此，装饰在器物的口沿上，有助于表现器口的宽侈。

与蕉叶纹形态、布局相反的是垂叶纹。例如，涡纹罍，西周中期器，从肩、腹交接处开始，腹部逐渐收缩，腹部饰有垂叶纹。这种纹饰的特点是上端宽大，愈往下愈窄，逐渐收缩，正好与逐渐内收的腹部相适应。从视觉上看，垂叶纹的装饰使涡纹罍的腹部显得更加饱满。

父庚觯

1973年陕西扶风法门镇出土的兽面纹高足杯，商代中期器，形状独特。为了突出高足杯的特点，柄部和圈足仅饰有三道间距很宽的弦纹，一方面用简洁的纹饰来烘托杯足之高，一方面让人们的视线逗留于高足杯的腹部，腹部装饰兽面纹，因为腹部才是高足杯最重要的部分。

早期青铜器装饰很简单，如乳钉纹爵，夏代晚期器，仅在鋬上留两个长方形的镂空，但很有创意，不但易于操作，而且省铜。在夏代晚期的很多铜爵上多采用这种装饰手法。

最后，青铜器纹饰的布局除了积极地配合青铜器的形态，更好地表现其神韵，也会主动地去改变青铜器的形态，带给人们另一种艺术享受。例

陕西扶风法门镇出土的兽面纹高足杯

077

如五年师史簋，西周中期器，盖上从捉手向外，依次饰直棱纹、分尾鸟纹、直棱纹，从口沿以下又依次饰分尾鸟纹、直棱纹。分尾鸟纹是横向分布，直棱纹是纵向分布，一横一纵，富于变化。而且纵向分布的直棱纹有助于将器体拉长，改变青铜器的形态，使欣赏者获得新的享受。

青铜器纹饰的布局有一定的规则，但有时也会一反常态，布局极为特殊，令人耳目一新。如龙爵，西周早期器，腹部饰带状龙纹。通常这种带状龙纹的布局是作水平分布。但在该件龙爵腹部，龙纹作斜线分布，由于它的上端宽度与蕉叶纹的下端宽度一样，这条带状龙纹似乎是从爵的颈部延伸下来，所以布局方式虽然别出心裁，但与其他纹饰相融合，并不造成整体的撕裂，给人以突兀感。

在青铜器纹饰的布局上，非常讲究不同纹饰之间的相互关系。例如变形兽纹扁壶，战国中期器，在扁鼓形的腹部装饰两种纹饰，一种是长方格界栏纹，一种是细线条的羽状地纹。前者线条笔直、粗犷而挺拔，后者线条圆转、细小婀娜，二者相互映衬，相得益彰，阳刚者愈显其阳刚，阴柔者愈显其阴柔，细小者不至于流为琐碎，粗犷者也免蹈粗俗之名。相似的例子还有克钟，西周晚期器。庞大的钟体有点儿笨重，钟上的龙纹线条又比较粗大，但镂空的四条扉棱化解了这一切，平添了几分灵动感。

同时，青铜器纹饰为求变化，有时做成镂空状。如1983年河南光山宝相寺出土的黄君孟豆，春秋早期器，从口沿至腹部均无纹饰，仅在豆柄下部有六个长三角形镂空。镂空很大，吸引了人们的注意力，在某种程度上缓解了由于大部分素面带来的单调感，而且也节省了铜料。

在青铜器中，器体的主体部分为素面的铜器很多，为了增加对它们的关注，铸造者往往在器体的次要部分动脑筋。如透雕龙纹钺，商代晚期器，是一件艺术杰作。透雕龙纹的设计非常巧妙，龙的头、角、尾、爪与环形图案的设计，需要很高的技巧，既要随行，又要最大限度展示主体纹饰的特点。弯曲而有力的龙身，张开的龙嘴，昂扬的龙角，表现得非常到位。尤其是龙的双爪似乎在用力蹬地，极有动感，仿佛圆圈会滚动起来。

透雕龙纹钺

## 纹饰的复杂多变

青铜器的造型独特精美，为世人所称赞。青铜器花纹在一定程度上反映了当时人们的思想观念，它依时代的不同，有着不同的特点和风格。商代伊始多以饕餮纹、夔纹、两尾龙纹、蟠龙纹、蝉纹、蚕纹、鱼纹等为代表，纹饰浑厚庄重。西周初以凤纹、鸟纹、象纹等为代表，风格趋向简朴伟丽。西周后期盛行窃曲纹、环带纹、重环纹、瓦纹等几何纹样。春秋战国时期多为兽带纹、鸟兽纹、蟠虺纹、陶纹、贝纹，还有直接刻画而成的人物、动物，以及生活、战争的画面。纹饰不仅是研究青铜艺术的重要依据，而且是青铜器断代标准之一。

然而青铜器的纹饰也是相当新奇的，它为后人学习研究历史文化艺术，了解当时人们的生活，填补空缺的历史，做出巨大的贡献。中国古代青铜器上的纹饰，始于夏代晚期，最早出现在容器上的是实心的

饕餮纹四足鬲

连珠纹。夏代晚期的青铜戈上已有变形动物纹出现。动物纹是青铜器纹饰的主体，它伴随着青铜器走过了1 500多年的光辉岁月。可以说青铜器的纹饰一开始就是以动物纹为主要内容。丰富多彩的纹饰与各种奇巧造型相结合，造就了中国古代青铜艺术的独特魅力。在古代青铜艺术发展的不同时期，青铜纹饰亦呈现不同的时代风貌。按青铜器纹饰题材的不同，可把纹饰发展的过程分为几个阶段。

第一阶段是商代至西周早期，主要以兽面纹为主题，而且多是幻想动物纹饰。其他部位配以涡纹、雷纹、连珠纹等，花纹繁缛细致，丰富多彩。纹饰方法也由中商的拍纹过渡到晚商的雕纹，花纹的上下层次如浅浮雕。

商代早期到西周早期，是青铜器艺术受到宗教思想深刻影响的时期。商和西周早期的青铜器纹饰中，多见各种神话、幻想中的动物，诡异而神秘，具有浓郁的宗教色彩。这一时期的纹饰，绝大多数是表现动物的形象。在动物形象中，又是幻想动物占主导地位。至于人类自身的活动和社会生活现象，在纹饰中却毫无反映和表现。轻人事而重自然，轻自然而重神择，表现出屈人以事神的鲜明倾向。

商代的青铜人面令人望而生畏，古代蜀人把人、鬼、神复合而图腾化了一种宗教艺术形象。在四川广汉三星堆遗址，出土了几十件青铜人像，这些祭祀礼器有着非常深刻的内涵。

商代青铜人面

第二阶段是西周中晚期至春秋中期，青铜器纹饰发生了显著的变化。前一时期盛极一时的雷纹至此几乎绝迹，兽面纹也丧失了它的权威，多缩小而降低到附庸地位。与此同时，兽体变形纹广为流行，取代了兽面纹的主导地位。这时花纹内容以窃曲纹、重环纹、斜角云纹等为主。纹饰多环绕器壁周围，并不饰满器身，也不对称。在西周后期，铸造纹饰全为手雕。春秋中期进入印纹时期，省工省时，更加便利。从纹饰主题的变化，可见此时宗教思想在人们心中的影响日渐衰退。

第三阶段是春秋晚期至战国早期，以龙纹为主题，各种形象化的蛟龙纹、蟠龙纹大量使用，以贝纹、绳纹等为界线，各种图案结构极度追求精丽和微型

四川广汉三星堆遗址
出土的青铜人像

化。随着宗教意识的淡薄，人们更多地关注青铜器的装饰艺术，往往在颈、腹部带窄条花纹中加以花瓣纹等新花样，使整个铜器显得精巧、活泼、可爱。

第四阶段是战国中晚期，动物纹饰变化为纯粹抽象的几何形或半几何形图案，人物画像逐渐流行。由于铸纹进入划纹时期，在春秋以后采用印模，所以制纹较容易，但显得粗糙。另外，别具一格的是在战国中末期创立的人事纹饰，精细工整，布局疏密得当，生动活泼，金银点线更添光彩。

春秋至战国花纹内容的演变，既表现了当时青铜铸造技术的提高，又表明在奴隶制瓦解、封建制形成时期思想领域轻天重民思想的发展。

青铜器上饰有的各种不同花纹和浮雕装饰，具有特定的历史风貌和时代风格。这些装饰花纹是和盛行青铜器的每一个时代的社会生产、生活、思想意识紧密相连的。

青铜器的纹饰种类很多，据内容可大致分为几何形纹饰、动物

纹饰和人物活动纹饰三类。每一类花纹，在同一时代或不同时代，在形象上也有不同的变化。

几何纹主要有弦纹、乳钉纹、云雷纹、涡纹、绳纹、鳞纹、瓦纹、窃曲纹、环带纹、重环纹等。

如商弦纹盉上就饰有典型的弦纹。弦纹是指形状为凸起或凹下的横线，一道至三道不等，这是青铜器最简单的纹饰之一。另有做人字形的弦纹，称"人字纹"，盛行于商周时期，直到汉代仍见沿用。该盉上部为半圆形，顶部有一倾斜的管状流，流的根部有一桃形口，口上有唇边，腹部整体作三个袋状尖足，有一素鋬，颈部有一窄沿，下饰弦纹三道。此弦纹盉形状较原始，设计、铸造水平均不高，具有商代早期青铜器的特征。

云雷纹是青铜器上的一种典型纹饰，它的基本特征是以连续的回旋形线条构成的几何图形。有的作圆形的连续构图，单称为云纹；有的作方形的连续构图，单称为雷纹。云雷纹常作为青铜器上纹饰的地纹，用以烘托主题纹饰。也有单独出现在器物颈部或足部的云雷纹。如著名的后母戊鼎，器耳上饰一列浮雕式鱼纹，首尾相接，耳外侧饰浮雕式双虎食人兽纹，腹壁四面正中及四隅各有突起的短棱脊，腹部周缘饰饕餮纹，均以云雷纹为地，云雷纹就起到了很好的烘托作用。云雷纹在商代和西周盛行，一直沿用至春秋、战国时期。

乳钉纹是青铜器上最简单的纹饰之一。纹形为凸起的乳突，排成单行或方阵。如1974年偃师

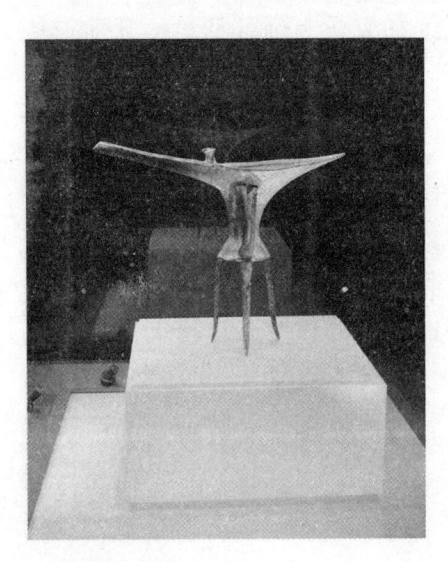

夏乳钉纹爵

二里头遗址出土的夏乳钉纹爵，腹部一侧就有五枚横排乳钉为饰，是中国目前发现的最早、最精美的一件青铜酒具，通高22.5厘米，为长流尖尾，束腰，平底，三棱足。另有一种纹饰，乳钉各置于斜方格中，被称为斜方格乳钉纹。

圈带纹也称为圆圈纹，纹样为排列成带的圆圈，圆圈中有的有一小点，有的没有点，饰在器物的肩上或器盖的边缘等部位，或作为饕餮等花纹的边饰。这一纹饰出现很早，在二里头文化铜爵的腹部已饰有实体的圈带纹，以后发展为空心小圆圈，大多装饰在主体纹的上下作为陪衬装饰。

涡纹又称火纹或囧纹，特征是圆形的几何图案，近似水涡。商代早期的涡纹是单个连续排列的，商代中晚期至春秋战国时期，一般涡纹与龙纹、目纹、鸟纹、虎纹、蝉纹等相间排列。例如1957年在山东长清兴复河出土的涡纹豆，高10.2厘米，口径19.8厘米，深盘，高圈足，盘外壁就饰有涡纹。这种纹样是在一个凸起的圆面上，由阴线镂刻出的两个同心圆作为基本结构，小的为圆心，大的一个则平行于这个圆面的边缘，画出一个圆周，然后再在这两个同心圆之间，画上多少不等的弧形线条。这些线条都是上端卷曲如钩，下端重合在圆周线内，并且走向一致。

绳纹，又称绚纹，是一种比较原始的纹饰，由两条环带纹交错钮结，如同绳索。绳纹还可以由三条、四条，甚至九条单线绞结而成。另外一种复杂变形的绳络纹，是以两根并连的绳索交织而成套结，连成网格状，大多饰于酒器和水器的表面。如1972年广西贵县罗泊湾出土的西汉时期的绳纹双耳铜桶，盛水器的一种，是岭南地区富有地方特色的典型器物，通身饰有绳纹。

鳞纹，形似鱼鳞，又称鱼鳞纹，常上下几层重叠出现，多装饰在器腹上。如1978年安徽繁昌汤家山出土的春秋鳞纹鼎。该鼎方耳微侈，圆底，蹄形足，浅圆腹，腹部就饰有鳞纹。鳞纹早见于商代，盛行于西周后期至春秋时期。

重环纹是由略呈椭圆的环组成环带，环有一重、两重、三重，环的一侧形成两直角或锐角。有时也与其他纹饰相配出现。如1989年7月在铜陵市郊谢垱出土的重环纹鼎，春秋时期青铜器，口径22.9厘米，通高20.3厘米，盆形，自耳立于口沿上，一耳补铸，三蹄足。该器的腹部就饰有重环纹。重环纹盛行于西周中后期。

环带纹的环带曲折如波浪起伏，因而又称波浪纹。纹饰构成以波线为基础，双线相垂带状，多数在上下填二环，成"X"形，凹处常填以眉形纹、口形纹。通常组成二方连续纹样，施于铜壶、簋的腹部，作为主纹；也有装饰于器物底部；个别的有两三层相重作为器物整个装饰的。如1923年河南新郑出土的环带纹甗，高61.5厘米，宽47.4厘米，重28.8千克。甗为长方深箱形，侈口，立耳，口内有隔，大腹，腹壁斜收，该甗体就饰有环带纹。环带纹盛行于西周中后期和春秋初期。

动物纹饰包括奇异动物纹和写实动物纹。奇异动物纹有兽面纹、夔纹、龙纹、蟠螭纹等，写实动物纹有鸟纹、象纹、鱼纹、龟纹、蝉纹等。

在商周铜器上，最常见的纹饰是兽面纹，又称饕餮纹。这种纹饰多在青铜礼器上，有一种令人望而生畏的恐怖感觉，人们形容其为"狞厉之美"。饕餮纹的纹样很可能象征古代传说中一种贪食的凶兽——饕餮的面形。仔细观察饕餮纹，又极像牛头纹或羊头纹，因而有人又称它为兽面纹。纹饰像牛头或羊头，这应与奴隶制的祭祀典礼中的"大牢""少牢"有关。饕餮纹多作为器物上的主纹。

饕餮纹的基本特征是一个正面的兽首，双目圆睁，齿牙森列，头上生角。有些饕餮纹是由两个相对的侧身夔龙纹合为一个正面的头像。在所有的饕餮纹中，眼睛始终是着力表现的对象。巨大的双目让人在很远的距离就能感受到一种震撼的力量，望而生畏。

饕餮纹通常装饰在器物的主要部分，与两旁作为辅助花纹的立身夔龙纹或鸟纹等共同构成一个装饰面。精心的设计，使饕餮纹能适应器物平面、曲面的不同位置，不会产生变形的缺憾。

早期的青铜器上的饕餮纹，以凸起的阳线构成画面，比较简单。到商代中期，发展为多层次的图像，俗称"三层花"，即主题花纹为凸起的浮雕图像，其上阴刻花纹，主纹之下，以细密的云纹为底纹。

饕餮纹主要流行于商代和西周时期，东周时期以后再度流行，但已失去原先的狞厉色彩。如1964年12月，殷墟三家庄南的一个商代窖穴中出土的饕餮纹鼎，大口微敛，折沿，双耳，一耳与一足上下对应，另一耳在两足间。最大腹径在上部，圆底。该鼎的腹部就饰有单层的饕餮纹，上、下界以圆圈纹。

与饕餮纹同时流行的还有夔纹、龙纹、蟠虺纹等。夔纹图案表现为传说中的一种近似龙的动物——夔，图案多为一角，一足，张口，尾上卷。有的夔纹已发展成为几何图形化的装饰，多作为器物上的主纹，常施于簋、卣、觚、彝和尊等器皿的足、口的边上和腰部。例如著名的西周夔纹铜禁，高23厘米，长126厘米，宽46.6厘米，整体呈扁平立体长方形，中空无底，禁面上有三个微凸起的椭圆形子口，禁前后两面各有两排共16个镂空的长方形孔，左右两面各有两排共4个镂空的长方形孔。禁的四周全部饰有精美的夔纹，纹饰生动，造型端庄，铸造精良。

龙纹的图案取传说中龙的形象，基本上有三种形式：屈曲形态，几条龙相互盘绕，头在中间分出双身。龙纹形态多变化，对于不同的装饰部位有很强的适应性，既可以作为纹饰顺向或相对排列构成装饰带，也常常作为辅助纹饰出现在尊、觚等器物口部曲面和鼎类物腹部等。龙纹还多装饰在青铜盘底，与鱼等形象组合在一起，构成生动的水族世界。例如闻名于世的西周重器颂壶，腹部就饰有相互纠结的无角龙纹，形象逼真，栩栩如生。

西周重器颂壶

中国古代青铜器上的龙纹装饰，丰富多彩，无论是平雕的龙，还是浮雕的龙，常因器物时代、器种不同，风格与特征迥然相异。从出土或传世的青铜器看，以龙作青铜器上的装饰，最早见于商代。有的圆盘内底上，常饰卷曲的龙饰，龙身布满盘底，龙首突出而鲜明，圆眼，二角，身饰菱形鳞纹。有的同时还饰鱼纹与鸟纹，更显华美富贵。青铜武器也有以龙作装饰的，如陕西城固五郎庙出土的透雕龙纹钺，钺中心圆形镂孔中透雕出一只张口露牙、一角、卷尾的站立龙，设计巧妙。

蟠虺纹，以蟠屈的小蛇（虺）的形象，构成图形。有的作二方连续排列，有的构成四方连续纹样。一般都作为主纹应用。盛行于春秋战国时期。

东周以后，青铜器纹饰趋向繁密精细，种类繁多，变化无穷。蟠虺纹是为适应新的审美要求而创造出的新的纹饰。它由夔纹缩小、变形而来，单元图案经反复接续，构成大面积装饰，产生类似织锦般的华美效果。例如，出土于西安三爻村的战国时期的蟠虺纹四环耳方壶，高45厘米，口宽13.5厘米，呈方形，直方口微敞，鼓腹，高方圈足。由口至足心六道凸宽弦纹，颈部饰蕉叶纹，其余部分饰变形蟠虺四方连续纹。通体纹饰纤细精密，富丽华美，是战国青铜器中的精品。

同类作品中图像稍大的，称为蟠螭纹。蟠螭纹形状像夔，张口，卷尾，盘曲。例如1923年河南省新郑县城关李锐菜园出土的蟠螭纹立耳鼎，口径53厘米，通高55厘米。圆形大口，平沿，立耳稍外侈，圆弧腹，浅圈底。该器物腹部就是以蟠螭纹为主饰的。

在青铜器的纹饰中，有许多写实的动物图像，如鸟纹、象纹、鱼纹、龟纹、蝉纹、贝纹等。但当时的工匠们在创作过程中往往会对动物形象进行变形处理，并糅入很多想象的成分，把飞禽、走兽以至爬虫的某些特征综合于一体，赋予器物某种神性。西周时，这些动物纹饰的写实性质明显增强。

鸟纹，有的为长翎垂尾，有的长尾上卷，头前视或作回首状；也有的鸟头上作仰起或下垂的高冠，这种形状的鸟纹通称为凤鸟纹。鸟纹多作为器物上的主题纹饰。如出土于陕西宝鸡市茹家庄的鸟纹象尊。该尊造型为象身猪耳，一副憨态，象背上设双圆环尊盖，整个象身以卷曲状鸟纹装饰。这种鸟纹纹饰是西周中期的典型特点。

青铜器蝉纹，蝉体大多作垂叶形三角状，腹有节状条纹，无前后足，仅作蝉体，四周填以云雷纹。也有长形的蝉纹，有足，也以云雷纹作地纹。盛行于殷末周初，主要装饰在鼎、爵的流上，少数觚及个别盘上也饰有蝉纹。例如1974年安徽六安孙家岗出土的蝉纹鼎，通高27厘米，口径24厘米。该鼎为敛口，方唇，立耳外撇，正中有高鼻钮，鼓腹，三蹄足。腹中部一周凸弦纹，上下各饰六组蝉纹，体态丰腴。

鱼纹，图案表现为鱼的形态，作侧面游动状，口紧闭，有的鱼形象较呆板，有的形象生动，背鳍与腹鳍各一个或两个。鱼纹常饰于盘内，反映器物的装饰，和器物的用途是密切结合的。鱼纹也常饰于铜洗和铜镜上，皆为鲤鱼状。鱼纹盛行于商至春秋战国，汉代铜洗等水器上亦常装饰有鱼纹，宋至元明时期仍有沿用。如1977年北京平谷刘家河出土的鸟柱龟鱼纹盘，通高20.5厘米，口径38.8厘米，敞口，板沿，上有两个鸟形柱，腹浅外敞，高圈足。盘内内壁等距离饰有三层鱼纹，鱼身有对称云纹，刻画得生动有神，独具匠心。

龟纹，其形四足趴伏，伸头，拖尾，背上满缀圆斑或涡纹等，

087

一般是刻画出龟的全形，在铜器中见到的不多，有的和鱼纹装饰在一起，也有介于龟、鳖之间的形象，多施于盘内。龟是四灵（青龙、白虎、朱雀、玄武）之一，古人认为是神化权力的一种动物。龟纹盛行于商代，春秋战国时期仍有沿用。例如长兴县小浦上草楼村出土的西周龟纹铜盂，通高9.9厘米，口径18.1厘米。口沿外卷，腹部最大径位于肩部，肩有四耳，圈足，腹部饰云雷纹和C形纹。该器物的内底就饰有龟纹。

象纹，突出的长鼻、身躯巨大、柱形足为明显的大象特征。有向上或向下的长鼻，或向里勾卷。鼻下有嘴，有的嘴中长牙。也有单独以象头或鼻作为图案的。在青铜乐器钲、铙上，象纹一般作为边缘纹饰，体积很小。著名的九象尊在腹部用简单的线条勾出九只象，首尾相接地排列。河南洛阳出土的西周成王时期的士上尊、士上卣的腹部均饰有象纹。

贝纹，形状作贝壳状，是以海贝连接起来的花纹，均作横置排列，多作为陪衬性纹饰，出现较晚。多出现在器物的圈足部位，尚未作为主纹出现过。山西浑源出土的春秋晚期鸟兽龙纹壶上就饰有贝纹。贝纹盛行于春秋、战国时期。

写实动物纹除以上的一些种类外，还有蚕纹、兔纹、鹿纹等，不过发现的数量非常少，就不再一一介绍。

到春秋晚期至战国初期，青铜器纹饰中出现了直接取材于社会现实生活的写实图像，其内容包括宴乐、采桑、习射、攻战、狩猎等，以人事活动为题材的纹饰开始流行。

人事活动图案多在战国以后的青铜器上出现，在构图上基本摆脱了以往对称的图案化倾向，铸造和雕刻手法并用，表现出当时社会活动的各个场面。人事活动图案主要有宴乐纹、采桑纹、狩猎纹、战斗纹等。

宴乐纹，主要是宾主飨饮作乐，佣仆奉酒献豆，周围有鼓钟、击磬、奏瑟和歌舞等，反映贵族享受生活的场面。

采桑纹，几名妇女在桑树下采桑叶，树下有妇女相接，表现妇女劳作的场景。

狩猎纹，狩猎者手持弓箭或矛、剑等武器投（射）向成群的羊、鹿、牛等，表现狩猎的紧张场面。

战斗纹，两列徒兵持戈、剑或箭，互相格杀的战斗场面。

著名的宴乐采桑渔猎攻战纹壶就是以宴乐、舞蹈、狩猎、攻战、采桑等活动为题材，反映现实的社会生活的一个典型作品。壶作圆形，器身满饰线刻图像，以斜角云纹为界，将画面分为三层，每层又有两种图案。第一层为竞射和采桑的图像。竞射图中的人物均在持剑射靶，可能是礼书上所说的"射礼"。采桑图表现妇女正在采桑，可能是诸侯后妃所行的蚕桑之礼。第二层为宴乐武舞和弋射习射的图像。前者表现贵族宴乐，有敲击钟、磬和鼓的场面，有持矛的舞人，这应为《礼记·乐记》所云的"干戚之舞"，即"武舞"。矰缴弋射表现的是射猎的一种重要方法。画面中反映狩猎的场面，很可能是文献记载的称为"大蒐礼"的军事演习。第三层为陆上和水上的攻战的图像。陆战图表现了架云梯登城的场面，水战图表现了利用船只进行水战的场面宴乐采桑渔猎攻战纹图样。这些图案不仅对我们了解古人的政治、经济、文化和社会生活有很大意义，而且有着很高的艺术欣赏价值。

# 第五章 瓷器之史

瓷器的产生与陶器有一定的渊源，早期瓷器的造型和装饰乃至器物的成型方法等都来自陶器，但瓷器的胎土和釉色决定了它后来居上，具有比陶器更宽广的发展前景。中国古代先民们在长期的生产和生活中，不断总结经验，在陶器的基础上发明了瓷器。瓷器是具体的社会和历史的产物，不同时期的瓷器作品，受当时社会性工艺生产诸多方面的影响，表现出了不同的社会和时代内涵。

## 陶技术的创新

瓷器是中国古代伟大的发明之一，是劳动人民长期辛勤劳作的结晶。在发明瓷器之前，人类已经积累了丰富的制作陶器的经验。在中国原始社会新石器时代末期，古人就烧制出胎质灰白、器表无釉、火候较低的器皿了，也就是灰陶。

中国古代制陶技术在周代发展到新的高度。在灰陶、白陶进一步发展的基础上，又发明了印纹硬陶和原始瓷器。灰陶是指采用易熔黏土为原料的泥南陶和夹砂陶，周代已被人民广泛使用，西周后因

印纹硬陶和原始瓷的发展而日渐减少了。原始瓷器的原料主要是瓷石和高岭土。原始瓷在西周时多用泥条盘筑法，外表经过修理，很少留有痕迹。烧制温度为1 200 ℃以上，质地致密坚硬，吸水性弱，已具备瓷器的基本性。原始瓷器从选料、成型、施釉到烧制都比较原始，故不管胎还是釉，皆是真瓷的前身。

这一时期，陶器在继承前代的基础之上继续发展。老百姓用于饮食烹饪的陶器一直在大量生产，历久不衰。

在商周时代，我们的祖先造出了一种青釉器。这种青釉器胎色灰白，结构坚密，硬度大，叩击时能发出铿锵的金属声。这种青釉器的表面涂了一层青色或黄绿色的玻璃质高温釉，与一般陶器极不相同，其胎质、釉料、烧成温度、吸水性能及物理性能等各种数据都说明它已经具备了瓷器的标准。

这时，制陶工具经过改善，工艺水平显著提高，人们对制陶原料有了进一步的了解，因此才能烧出初步达到青瓷标准，但在某些方面尚不够完善的原始青瓷。商周时期是中国从陶器过渡到瓷器的渐进阶段，也是原始青瓷的发生发展阶段。当时，青釉器制作水平低下，胎中还是有一定量的铁，在略低的温度中烧结，颜色较深，透光性较差，还具有一定的原始性。

原始瓷器有着坚硬耐用、美观大方、不易污染等优点，春秋战国时期的原始瓷器生产在继承商周时代工艺和风格的基础上，不断加以改进、提高，其产品质量又有了进一步发展，使用范围越来越广，可以说达到原始瓷器发展的鼎盛。

到战国末年与秦汉之际，人们又烧制出一种从成型、装饰到胎、釉的工艺都与以前有别的原始瓷，而后在新的历史条件下，再重新向前发展，终于在东汉时烧制成真正的瓷器。

秦汉时期的原始瓷器与战国早中期的原始瓷器存在很大的差别。秦汉原始瓷胎质粗松，吸水率高，呈灰色或深灰色，不及战国时期的细腻致密。秦汉原始瓷的釉层较战国时的厚，釉色普遍较深，呈青绿色或黄褐色等。由战国时的通体施釉变为口、肩和内底等处的局部上釉，上釉方法变成刷釉。在器物的成型方面，普遍采用底、身分制，然后粘连成器的方法。在品种和装饰方面，秦汉原始瓷以仿铜礼器的鼎、盒、壶、钫、钟、瓿等为常见。装饰纹样则以弦纹、云气纹、水波纹或堆贴铺首等为主。

西汉时期原始瓷器的制作，随着社会经济的发展而日趋成熟。西汉中期及以后，原始瓷器一改汉初的面貌，不再一味效仿铜礼器，壶、罐、盆等具有自身特点的日常生活用器日益增多，生产更注重实用。在浙江、江苏北部一带形成了原始瓷器的主要产地，产品远销其他地区。

东汉以后，原始瓷器的品种和纹饰都有变化。这时的原始瓷器的制作已转向经济实用，花纹装饰也较简单。

东汉晚期，中国终于出现了青瓷。东汉晚期的瓷器，是在原始瓷器的基础上，通过原料粉碎和成型工具的改革，胎釉配制方法的改进，窑炉结构的进步，烧成技术的提高等而获得的。但是由于刚从原始瓷器演进发展而来，无论造型还是装饰风格都与原始瓷器有相似之处。这时常见的器形有罐、碗、盏、盘、钵、盆、洗等。装饰花纹仍为弦纹、水波纹、贴印铺首等。浙江上虞东汉遗址出土的青釉水波纹四系罐，直口，圆唇，鼓腹，平底。肩、腹之间装有四个等距离横系，系孔偏小，不便系绳，故系下内壁有凹窝，系的两端留有按捺的手指压痕。底部饰有细弦纹和水波纹。器表施青黄色釉，釉层具有较强的光泽度，胎质吸水性低，透光性好，胎釉结合紧密。从胎质、釉色及烧成温度等各方面来看，该罐已经达到真正瓷器的标准，是中国最早的青瓷产品之一。

青瓷的出现，是中国瓷器发展史上的一个重要里程碑，它给魏晋南北朝瓷器手工业的空前发展奠定了坚实的基础。此罐正是一件划时代的瓷器产品。东汉晚期除烧制出成熟青瓷外，同时也烧制成功了黑瓷，为瓷器增添了新品种。

东汉瓷器质量比原始瓷器有所提高，其主要原因是改进了窑炉的结构，采用长形窑（俗称"龙窑"）进行烧造。长形窑便于升温，也便于降温，但又不会迅速地降温。此外，这种长形窑的窑体较薄，正好符合瓷器烧制工艺的要求。因为青瓷中含有较高的铁，要求较快冷却，以免二次氧化，但如果过快冷却又会使胎壁开裂，这就要求升、降温度速度适中。东汉瓷器生产工艺技术的提高，改变了瓷器的原始面貌，为以后瓷业的发展奠定了基础。

已出土的原始瓷器器形有尊、罍、瓮、罐、钵、豆、簋等，出土原始瓷器最早的遗址是山西省夏县东下冯龙山文化遗址。这里出土了20多片原始瓷残片。经过处理，可以看出其器形为罐、钵等。这些原始瓷多为素面，没有花纹，少数有蓝纹或方格纹。这些瓷器表面有一层绿色薄釉，质地坚硬，吸水率低，叩之会发出铿锵之声。

## 青瓷与白瓷

三国两晋南北朝是中国历史上战乱频仍的大动荡时期，政权更迭频繁，统治腐朽，战乱不休，社会经济停滞不前。尽管如此，此时的文化艺术却异常繁荣，人们的思想异常开放，与此同时，瓷器生产也进入了一个新的发展时期，形成了自己独特的风格。但是，此时南北制瓷业的发展极不平衡。南方瓷器精品时有出现，如三国青瓷熏炉，1991年8月于湖北省鄂钢饮料厂1号墓出土，现藏于湖北省鄂州市博物馆。此炉高25厘米，腹径44厘米，口径28厘米，底径29厘米。此器分为两部分：上为熏，状如碗；下为炉，状如簋。熏和炉可分开使用，也可相叠同时使用，为青瓷器中少见之名器。

一般认为，青瓷与白瓷釉色不同，主要由釉中含铁的多寡所致。

青瓷釉中含有一定量的铁，含铁越多，釉色越深，含铁越少，釉色越浅。而白瓷釉中含铁极少。

在相对比较安定的南方，以浙江越窑为中心，继承并发展了东汉青瓷的成就，被称为"六朝青瓷"。

西晋越窑青釉双系鸡头水盂

东起沿海的江、浙、闽、赣，西到长江中上游的两湖、四川，都烧出了具有地方特色的瓷器。其中以越窑发展最快，分布最广，瓷器质量最高。例如西晋越窑青釉双系鸡头水盂，高5.8厘米，直径10.8厘米，造型可爱，像一只小鸡卧在地上，为西晋典型瓷器。

自东汉晚期在南方地区烧制出成熟的瓷器以来，在相当长的时间里，中国古代的瓷业生产以青瓷和黑瓷为主。从西晋末年开始的100多年间，北方一带兵连祸结，经济凋敝，手工业衰落，瓷器生产萎靡不振。北魏太武帝统一中国北部后，确立了南北分立的局面。北魏孝文帝实行均田制，农业得以恢复发展，手工业也复兴了。这时，河北、河南一带成了北朝青瓷的中心产区，瓷器又开始获得了新生。

这一时期，北方地区在改进青瓷质量的过程中创烧了白瓷。白瓷胎质纯正，胎骨坚实、致密，胎土白而细洁，瓷化度高，叩之作金石声，釉色洁净而明亮。许多唐诗中都有赞颂唐代白瓷的名句。

早期的白瓷胎料细而白，但未上护胎釉。后来上了护胎釉，釉色乳白，釉层薄而滋润，如北齐白釉莲瓣纹罐，高19厘米，口径7.5厘米，腹部呈圆鼓形，下有圈足，口径适中，肩有四系，提时既平稳又方便。

隋文帝统一中国后，促进了经济、文化的发展，开始了一个新的历史时期，瓷业在黄河南、北发展起来。隋瓷出现了大量的精品，例如隋安阳窑青瓷弦纹四系罐，现藏于陕西历史博物馆，高18.7厘米，口径10.4厘米，底径9.9厘米，圆口微侈，鼓腹，平底。肩有四系，肩、腹有两组带状文。青釉涂至腹下，底足无釉，釉面略呈黄色，整体造型古朴庄重。

隋代瓷器仍以青瓷为主，也有一定数量的白瓷。隋瓷的胎普遍较厚，胎质坚硬，釉无论青绿、青黄还是黄褐，均为玻璃质，施釉不到底，大多数都有垂流现象。隋瓷多光素无纹，部分带纹饰的主要以印、划、贴为主。所谓印花，是把模子上的纹饰压印到瓷胎上，使纹饰凸起，再施釉入窑；划花是用尖状工具在胎子上划出纹饰，施釉入窑；贴花是将用手捏或模印等做成的小纹饰片贴到胎子上，再进行烧制。常见纹饰有团花、草叶、莲瓣、卷叶、波浪和弦纹等，个别的也有加饰黑褐彩的。

隋代白瓷是从青瓷转化而来的。最早的白瓷是由北朝的制瓷工匠创烧的，但这时的白瓷釉不是真正的白色，而是透明的玻璃釉罩在白胎上。器物胎质较白，釉面光润，已基本上看不到如南北朝白瓷白中泛青或闪黄的痕迹。隋朝制瓷技术的重要成就之一，是成功地在瓷胎上采用了白色化妆土。上釉之前，精选含铁成分少的白瓷土细密地挂在坯上，可以避免瓷器烧成后胎体表面粗糙、坯面出现孔隙及胎体颜色不好等弊病，增强釉色透明莹润的质感，特别是对白瓷釉色透明度的提高和呈色的稳定，起着重要作用。

唐代青瓷在隋朝基础上又有进一步的发展，这一时期以越窑和长沙窑最为著名。唐代早期越窑瓷器胎呈淡灰色，紧密坚致；釉汁很薄，均匀而密，温润似玉，青绿色，有的略泛黄。瓷器的使用在唐代更为普及，瓷器烧造技术迅速发展。瓷器包括茶具、餐具、酒具、文具、玩具、乐器以及实用的瓶、壶、罐等各种器皿，几乎无所不备。如白釉褐斑瓷羊，1975年于江苏省扬州市西门外扫垢山唐城遗址出

白釉褐斑瓷羊

土，高 3.2 厘米，跪卧在板座上，双眼圆睁，平视前方，双角直立，嘴角微张，断尾下垂。瓷羊通体涂白釉，釉质光亮透明，额头涂褐彩斑点，神态自然，形象逼真，讨人喜欢，是一件不可多见的玩赏珍品。

白瓷在唐代生产发展很快，以邢窑最好。邢窑白瓷有"天下无贵贱通用之"的美誉。邢窑因窑址位于唐代邢州境内而得名，邢窑窑址在今河北省临城县祁村（一说在内丘县）。唐代邢窑白瓷专作为地方特产向朝廷进贡，其中有"盈""翰林"字款的，是邢窑白瓷中的名贵品种。白瓷的诞生，是瓷器手工业史上的一项重要技术革命，打破了青瓷和少量黑瓷一统天下的瓷业地理格局，与越窑青瓷平分秋色。邢窑白瓷不仅畅销国内，而且远销海外，成为中国瓷器的杰出代表之一。

邢窑白瓷有碗、托子、注子、皮囊壶、罐等品种。器形的形体既有直线又有弧线,但以弧线为主;胎体洁白纯正,质地细腻坚致,断面平滑有光,叩之发清脆金属声;部分细白瓷精品胎体很薄,有良好的透光性;通体施釉,釉面光滑细腻。邢窑白瓷以釉色白净为特色,一般多为素面,不见附加装饰,只有一小部分邢窑白瓷采用划花和点彩装饰。

邢窑白瓷,制作规整,工艺水平相当成熟,白瓷胎含铁量仅为0.65%,瓷釉含铁量为0.64%。例如有名的唐邢窑白釉盈字盒,通体施白釉,釉色洁白,底刻"盈"字,制作规整精巧,是唐代邢窑的精细之作,为宫廷用瓷。

由于邢窑白瓷质精釉美,在唐代与越窑青瓷并肩齐名,唐代诗人皮日休作诗称赞:"邢客与越人,皆能造兹器。圆似月魂堕,轻如云魄起。枣花势旋眼,蘋沫香沾齿。松下时一看,支公亦如此。"

唐代灭亡后,五代的瓷器造型沿袭了唐代的风格,如五代白瓷划牡丹纹枕,于1956年在江苏省新海连市(今江苏连云港)出土,高10.4厘米,长17.8厘米,宽12.5厘米,长方形,六面体,中间下凹,两端微翘。长方形弧面中央画一朵盛开的牡丹花,四周为平行双线边框,四壁呈梯形,各有一长方形凹框,四周有突棱一道,平底。枕的表面涂白釉,釉色光亮纯净。枕胎洁白细腻,较硬。五代白瓷以光素居多,有少量的刻花装饰,但不流行。此枕精巧秀美,花纹舒朗简洁,代表了五代时期白瓷制作的最高水平。

五代时期,白瓷生产仍以北方为主,唐代的瓷窑大多仍在烧造。但是,在全国分裂割据的形势下,制瓷业的发展受到限制。

五代白瓷划花牡丹纹枕

## 宋代黑瓷

宋代是黑瓷大量烧制的繁荣时期，瓷窑遍布全国。在已发现的宋代窑址中，有三分之一以上能见到黑瓷。宋代瓷业的繁荣是宋代社会、经济、文化繁荣的反映。福建建瓯、水吉一带的建窑，是宋代制作黑瓷的中心，各种瓷器质量较高，釉色纯正，并能在黑釉中产生各种美丽的褐色斑纹，有的细丝如毛称为"兔毫"，有的显示羽状称为"鹧鸪斑"，表现出诱人的艺术魅力，是古代黑瓷中最优秀的作品之一。如现存于世的一个南宋黑釉油滴盏，束口，深腹，卷足，盏面的珍珠斑点，透过泛光的釉彩，犹如夜空中闪闪发光的繁星，美不可言。一旦茶汤入盏，这些茶盏都能放射出五彩纷呈的点点光芒，为斗茶活动平添一分情趣。

黑瓷，是以铁作呈色剂的一种瓷器，经氧化焰烧后可显纯黑色。黑瓷器最早出现在原始瓷器中。浙江上虞帐子山瓷窑发现有这种瓷器，其胎色为深灰，釉色呈黑色。黑瓷制作完善在六朝时期。

黑瓷是在青瓷的基础上发展起来的，两者的呈色剂都是铁元素，黑瓷釉料中三氧化二铁的含量在5%以上。中国商周时期就已出现黑瓷。东汉时期，浙江上虞窑烧制的黑瓷，施釉厚而均匀。东晋德清窑的黑瓷，釉厚如堆脂，色黑如漆。

建窑黑瓷器甚多，但主要以碗、盏及茶具为主。建窑茶具，不但在国内流行一时，周围邻国也竞相仿效，当时浙江天目山的僧人多用建窑盏饮茶，许多日本禅僧学成后带回国去，称之为天目盏，在日本极受珍视。

黑瓷的烧制，一样需要有效地控制胎和釉中的含铁量，白瓷是要将含铁量控制在1%以下；黑瓷则相反，要使铁的含量达到8%以上，而且要严格控制烧成温度，才能烧出乌黑发亮的黑釉瓷器。中国东晋时已基本掌握了黑釉瓷的烧制技术。

唐以前，黑瓷的烧造远不如青瓷和白瓷盛行。进入宋代后，烧造量激增，甚至产生了像建窑、吉州窑这样的专门烧制黑釉的名窑，这在宋以前是没有的。这种现象与宋代盛行饮茶有关。饮茶在中国始于西汉，到唐代已不分南北在社会各阶层中普及开来，尤其是始于宋代的斗茶风，使饮茶具有了止渴作用以外的修身养性价值，社会上层人士、文化艺人、寺院僧人尤爱此道，宋徽宗就经常与臣子斗茶。宋代的茶叶先制成半发酵的膏饼，饮前碾成细末，沸水冲开后浮起一层白色茶沫。在宋代青、白、黑、酱各种釉色的茶盏中，黑釉瓷器最能衬托白色茶沫而受到人们的重视，产生具有特殊审美价值的黑釉装饰艺术。

宋代黑瓷的发展主要表现在制作工艺及艺术风格上，其中装饰艺术取得的成就最为突出，不但有浓郁的地方特色，而且显示了时代的风格，较重要的手法有油滴、漏花等。

油滴结晶釉——建窑的又一个品种，这种釉的釉面可以看到许多具有银灰色金属光泽的小圆点，形似油滴而得名，其大小不一，大者可达数毫米，小的仅针尖大小。据科学分析，油滴本身的铁含量比周围釉体大10倍左右，这些具有银灰色光泽的小圆点实际上是由一群密集的赤铁矿小晶体组成，这种铁的氧化物在高温下聚集，冷却在釉层表面定形，一般釉厚处油滴大、薄处油滴则小。油滴的形成和烧成温度有很大关系。

1976年在山东淄博淄川区磁村窑址北窑洼区出土了1件葫芦瓶，属北朝晚期产品。口径2.7厘米，残高3.8厘米。瓶口呈葫芦状，斜平唇。小口细颈；内外饰黑色薄釉，折角处釉稍厚，釉色黑中泛酱色，不甚光亮；釉面烧制出均匀的油滴，油滴外小内大，小者如针尖，大者直径约2.5厘米。胎骨呈白色，较细硬。

漏花是指工匠师们把传统的剪纸艺术成功地移植到黑釉瓷器上，利用剪纸漏花，随着揭去剪纸而剥掉釉层，留下纹样轮廓，产

生豁亮、明朗的艺术效果。如1968年在陕西省彬县出土的北宋耀州窑青釉剔花倒装壶，通高19厘米，腹径14.3厘米，足径12厘米。该壶整体似一梨状，上部作双蒂式假壶盖，系虚设。顶端与腹一侧置飞凤式提梁，凤首指向另一侧贴塑母子狮。母狮张口作壶流，子狮在母狮腹下吸吮，造型生动、逼真。肩腹之间装饰乳钉纹、垂三角纹各一周。腹部剔刻缠枝宝相花纹，下刻仰莲纹一周。由于花纹轮廓线外的隙地均被剔去，致使花纹凸起。刻花技术熟练，刀锋犀利，线条活泼流畅，布局适宜。底心有一大孔通腹，倒置可灌水，正置滴水不漏。腹下附圈足，略外撇。此壶集捏塑、剔刻、模印装饰于一体，是典型的漏花型瓷壶。

北宋耀州窑青釉剔花倒装壶

从总体上看，宋瓷的造型以简练为主，各部位比例和尺寸都恰到好处，达到融会完美的地步。即使是异形瓷器，也都具有时代特色。

黑瓷到明清时期制作技术更加成熟，但由于釉色的品种不断增多及彩瓷的盛行，黑瓷的地位已不重要了。

## 青花瓷的成熟

1271年蒙古统治者忽必烈建立了元朝，不久又灭了南宋，统一了中国。此后半个多世纪的时间里，蒙古族依靠武力东征西讨，建立了幅员广阔的蒙古汗国。

入元以后，统治者一方面在一定程度上调整了统治政策，推行了一些促进经济发展的政策，使经济得以恢复。此前，南宋和金已固有的雄厚经济基础，也使社会经济不可阻挡地继续发展，元代后期达到了一定程度的繁荣。另一方面采用汉法治理汉地，同时也保留了许多蒙古旧制度。在这种情况下，蒙、汉等各族文明之间出现了相互交融、渗透，同时也存在着民族压迫与反抗。在蒙古统治者攻占中国北方以及推翻南宋的战争中，许多制瓷手工业作坊遭到破坏，影响了中国瓷器手工业的发展。但是有一个例外，就是景德镇的制瓷业乘机崛起，把中国传统的制瓷工艺推向更高的水平。

元代的政治、经济和交通等，对制瓷业产生了深刻的影响。在众多著名瓷窑遭到破坏的时候，元代在景德镇设立了浮梁瓷局，对当地制瓷业实行官办。浮梁瓷局把各地俘虏的制瓷工匠集中到景德镇的浮梁一带进行生产，这样一来，工匠们把各地的烧瓷工艺都带到景德镇来了。他们相互交流经验，使景德镇的瓷器有机会融汇各地之所长，工艺水平进一步提高，产品更加丰富多彩。因此，景德镇成为全国制瓷业的产业中心。

青花瓷器是景德镇瓷业生产的主流。青花为釉下彩的一种，它是用含氧化钴的钴矿作为原料，在瓷器胎体上直接描绘图画后，再罩上一层透明釉，经高温还原焰烧成。青花的特点是：只使用一种颜色，一次高温烧成，工序较为简便，因此在瓷器装饰上应用广泛。

青花瓷器萌生于唐宋，成熟于元，盛行于明清，流传至今，经久不衰，成为中国最具有民族特色的瓷器，闻名于世。自青花瓷器生产成为主流以后，中国瓷器上刻、划、印花装饰技法退居次席，而让位于彩绘。青花着色力强，发色鲜艳，呈色稳定，纹饰永不褪脱。青花白地蓝色，有明净、素雅之感，具有中国传统水墨画的效果，极其美观实用。

元代青花瓷器胎料采用瓷石加高岭土的"二元配方"，提高了烧成温度，减少器物变形。青花釉色白微青，光润透亮。所用钴料，

青花云龙纹象耳瓶

有进口料和国产料两种。进口料绘画的青花色泽鲜艳，釉面有黑色斑点。国产料青花呈色与进口料的浓艳截然不同，蓝中带灰，没有黑色斑点。元代"至正型"（因英国人霍布逊发现的一件带有"至正十一年"款的青花云龙纹象耳瓶，后将至正款的青花瓷瓶定为鉴定元代青花的标准器，并命名为"至正型"）一类大件青花瓷器多采用进口青料。

元代青花瓷器造型上总的风格是形大、胎厚、体重，器物主要有罐、梅瓶、玉壶春瓶、执壶、四系小口扁壶、菱口盘、高足杯、匜、碗等。装饰特征足，层次多，画面满。从器口到器足，满饰各种花纹，但层次清楚，繁而不乱。纹饰种类繁多，有人物故事、松竹梅、龙凤、花鸟、水禽、游鱼、海马、异兽、瓜果、云肩、变形莲瓣及杂宝等。

元代青花瓷开辟了由素瓷向彩瓷过渡的新时代，其富丽雄浑、画风豪放、层次繁多，与中华民族传统的审美情趣大相径庭，是中国瓷器史上的一朵奇葩，同时也使景德镇一跃成为中世纪世界制瓷业的中心。

元代景德镇瓷器素以青花、釉里红、蓝釉为主，红釉、卵白釉品种的制品闻名于世。这些品种的制品不仅本身独具特色，在瓷器史上焕发出新的神采，而且在很大程度上决定了后世瓷器发展的格局。在元代，这些品种的瓷器都直接或间接地与藏传佛教有联系。如元代青花瓷器的较早制品，大都是藏传佛教的祭器；釉里红瓷器的较早制品与藏俗丧葬有直接关系；红釉和蓝釉制品，也大多来源于藏传佛教的祭祀活动，所谓的"祭红""祭蓝"即由此而来；卵白釉也有祭器的实例，如故宫博物院收藏的"太禧"铭款刻八吉祥纹盘即是如此。

釉里红是指用铜红料在胎上绘画后，再涂上一层透明釉，高温烧成，使釉下呈现红色花纹的瓷器。釉里红和青花同为釉下彩，只是呈色有红、蓝之分。它同样是用笔在胎上绘画，在高温下烧成。釉里红对窑中气氛要求严格，铜非得在还原焰气氛中才能呈现红色。因此，釉里红瓷器烧制很难，如元景德镇窑釉里红雁衔芦纹匜，1980年11月于高安市出土，高5.5厘米，口径14.3厘米，底径8.7厘米，撇口，底略内凹，长方槽形短流，流下有一卷云形小系，芒口，砂底。此器腹下部设有艳丽的釉里红宽带纹，内刻水波纹，底心绘飞雁衔芦纹，巧妙地利用釉里红呈色的变化，十分精美。

元代景德镇取得的巨大成就，为明清两朝制瓷业的高度发展奠定了基础。故宫博物院所藏著名传世明青花松竹梅纹炉，高31.4厘米，口径20.1厘米。炉为鼎式，立耳，直腹作长方形，兽面三足。造型凝重端庄。炉口边缘围以一圈锦地纹，炉身画松、竹、梅"岁寒三友"图。青花釉料着色力强，发色鲜艳，呈色稳定，其绘画效果远远超过宋代同类装饰。整个画面满而不塞，白地蓝花，显得明净、素雅，具有中国传统国画的艺术感染力。在元代瓷器中，青花炉较少见，因此该炉成为同类瓷器中

元景德镇窑釉里红雁衔芦纹匜

明青花松竹梅纹炉

难得的精品。

## 鼎盛的彩瓷

　　进入明代，瓷器仍是中国的主要产业，无论匠意、形式、技术都渐臻于完善之顶点，不同种类的瓷器仍在继续烧造。永乐年以后，波斯、阿拉伯艺术东渐，与中国原有艺术相融合，给瓷器也注入了一些新鲜血液。明代中叶以后，长时间居于主导地位的青瓷呈衰败景象，青花瓷取而代之，从此成为中国瓷器的代表。五彩瓷迅速发展，各品种更显雍容华贵。景德镇制瓷业独步一时，成为无可争议的制瓷中心。

　　从明代开始，"天下窑器所聚"，至精至美之瓷，莫不出于景德镇。明代景德镇的青花、白瓷、彩瓷及单色釉瓷器等品种繁花似锦，五彩缤纷，取得了卓著的成就。

　　彩瓷是用高温或合成低温瓷器彩料，在瓷坯或胎体上用传统国画技法加彩装饰的工艺，融国画技法于形态各异的瓷器之中，作为生活和装饰用品，具有独特的艺术魅力。

　　明清时期的彩瓷分釉下彩、釉上彩和斗彩三大类。釉下彩有青花、釉里红，以及青花和釉里红两种釉下彩组成画面的青花釉里红；釉上彩有五彩、珐琅彩和粉彩；斗彩由釉下青花与釉上彩组成。彩瓷不仅集中国瓷器技艺之大成，还吸收了外国珐琅彩等先进技术，促进了瓷器工艺的新发展。

　　釉里红是用铜红料在瓷胎上描绘纹饰，再施釉高温烧成，使红色图案覆盖在透明釉的里面，凸起宝光，鲜红夺目，极具艺术冲击力。青花釉里红是匠师根据画面的需要，例如果实花卉用铜红料，枝叶用钴色青（蓝）料，施透明釉后高温烧成，使画面娇艳的红花簇拥在翠蓝的枝叶之中，也有其他红蓝巧妙组合的种种生动物象，还有以米黄、淡绿、天蓝釉为地的青花釉里红。釉上彩是唐三彩工艺的继承与发展，在烧成的瓷胎上用彩料绘画纹饰，再用低温烘烤而成的彩瓷，技艺娴熟，色彩鲜艳斑驳。

明清两代的彩瓷品种可谓异彩纷呈，婀娜多姿。由于彩料选用恰当，烧制温度及火焰性质掌握适宜，明代的彩瓷非常精美。明代彩瓷品种主要有青花、釉里红、釉上五彩、青花五彩、斗彩、三彩等，还有白釉红彩、白釉酱彩、青花红彩、黄釉青花、黄釉红彩等。清代彩瓷在不断丰富明代传统瓷品种的基础上，又有了更进一步的发展和创新，出现了许多新的品种。清代的彩瓷生产无论是品种还是数量都大大超过了以往任何一个时代，达到了彩瓷艺术的最高境界。清代彩瓷的创新品种主要是珐琅彩和粉彩。珐琅彩和粉彩的烧制成功，改变了明代以来瓷器业以青花生产为主导地位的生产格局，并且呈现出百花齐放的繁荣景象。

洛阳唐三彩

明初的著名彩瓷是青花瓷，属于釉下彩。这种彩瓷在元代已烧制成功，入明以后继续烧制，其技术则不断进步。宣德时烧制这种瓷器采用麻仓（景德东乡麻仓山）的陶土做陶胎，彩料为由南洋输入的"苏泥勃青"（也称"苏泥麻青"，或"苏麻离青"），所制成品洁白细腻，色调幽雅。明代中期以后，青花瓷的烧造更形成独特的风格，并由此发展出著名的斗彩和五彩。

明成化时期著名的斗彩，是釉下青花与釉上红彩相结合的艺术结晶，用青花作纹饰的轮廓线和局部图案，再填充或增加艳丽的色彩，使之更为鲜活和富有立体感。由于釉上的色料和釉下的色料互相争艳媲美，所以称为斗彩。现在收藏于首都博物馆的斗彩葡萄纹杯，就是当时烧制的精品之一。杯上的纹饰以红彩为枝，红中闪紫，极为粗壮；绿彩为叶，绿油油的叶子透视出青花的叶茎，非常真实；黄彩为蔓，娇嫩的蔓须似正生长；紫彩为实，正如熟透了的紫葡萄悬挂枝头。这件瓷器上的纹饰形象逼真，充分反映出斗彩技法的高超。

五彩瓷器是在斗彩的基础上发展起来的。所谓五彩，并不是指五种颜色，而是指多种颜色。五彩瓷器，是将釉下青花与釉上五彩视为同等色料来用，青花只是五彩图案中一个组成部分，图案要求蓝时就由釉下青花来代用，其施彩方法与斗彩相同，只是五彩色调更为丰富和浑厚，除青花外，有红、黄、绿、紫、褐等。故宫博物院收藏有一个万历五彩鸳鸯莲花纹瓶，

斗彩葡萄纹杯

青花上加绿、黄、茄紫、矾红各种色彩，并用褐黑或褐赤色作为图案的线描。整个纹饰浓艳可爱，自然生动，由此也可窥见当时五彩瓷器之一斑。

珐琅彩瓷是引进"洋瓷"（铜胎画珐琅）后制造的清宫御用瓷，又称"古月轩瓷"或"瓷胎画珐琅彩器"。珐琅彩与中国传统的釉上彩的基质不同，属铅硼玻璃，并含有砷，而中国的五彩和粉彩都不含硼。釉上彩是含有少量氧化钾的铅玻璃，除康熙粉彩（从珐琅彩中演化出来的）外，都不含砷。珐琅彩常见的颜色有红、黄、蓝、紫、绿、胭脂等，富丽繁缛。粉彩借鉴了珐琅彩的配制方法，在白色彩料（玻璃白）中引入砷作为乳浊元素，可对各种色彩进行粉化，如使红彩变为粉红，绿彩变为淡绿，色调调淡，使色彩更丰富多样。

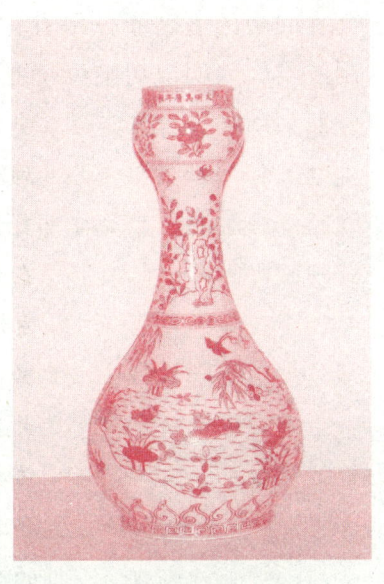

明万历五彩鸳鸯莲花纹瓶

中国的瓷业，发展到清代前期，特别是康、雍、乾三朝臻于鼎盛，达到了历史最高水平，进入了瓷器发展史上的黄金时代。康熙时以造仿古瓷和五彩瓷最有名，还创新一种"素三彩"，即在素烧的胎上，施以绿、黄、淡紫三种颜色，不敷釉，成为独具特色的瓷器。雍正时期，景德镇御窑所制的"年窑瓷"（督窑官年希尧监制），选料上乘，形态优美，闻名遐迩，还发明了"胭脂水"瓷。乾隆时受到外来瓷的影响，研制出珐琅彩瓷，富丽堂皇。康、雍、乾三朝是彩瓷的极盛时期。

# 第六章 制瓷之法

中国是瓷器的故乡,瓷器的发明是中国对世界的独特贡献。中国商朝的釉陶就具有瓷器的特征,但真正意义上的瓷器制造,经过千百年的努力,最终是在东汉时期完成的。中国古代瓷器,从发展的情况来看,是先有陶器,再有瓷器,而瓷器的发明,堪称中国的"第五大发明",它在技术和艺术上的成就,传播到世界各国,并深刻影响了其瓷器和文化的发展,为中国赢得"瓷器之国"的盛誉。

## 制瓷的宝石

高岭土是制造瓷器的主要原料之一,是一种由高岭石组成的黏土,因最初在江西景德镇高岭村发现,故以此为名。古瓷器的瓷胎就是由高岭土制作的,颜色白中微带灰色或黄色。高岭土的质量直接关系到瓷器的制作和瓷器的质量。高岭土的含铝量很高,约占40%;含熔剂则太低,单独使用,即使在1 400 ℃时也很难使它致密烧结,加上古时远远不能达到这样高的温度,所以高岭土只能烧成陶器。

高岭土在矿区采集后须经淘洗,将大部分的石英和云母除去后,再经沉淀、制块等程序,待晾干运回备用。

瓷石是一种白色中微带黄、绿、灰或绛红色的岩石,主要成分是石英和绢云母矿物。风化程度浅的瓷石,所含的少量长石尚未绢云母化,故可用于制釉;风化程度深的瓷石,由于长期的地质作用,随着发生高岭化作用而生长若干高岭石,这类瓷石适宜于制胎。瓷石中的绢云母成分,主要起熔剂作用,它比一般长石更易于细分散,极容易与石英和高岭石等在高温下起反应,生成较为均匀分散的玻璃状物质,增强瓷器的致密度和透明度。

瓷石采集后用水碓舂细,经淘洗、沉淀制成砖状的泥块儿,称为"不子"或"白不"。不子有红、黄、白之分。黄不子土块大而坚,白不子稍松细。红色不子和白色不子是生产细瓷的原料,黄色不子专门用来制作粗瓷器,但有一种淡黄带白色的颇佳,制作细瓷器有时也使用。

釉,是瓷器表面的涂料,主要用于装饰瓷器。它由几种原料配合而成,主要由长石、石灰石、黏土、草木灰等调配为釉料,在一定的温度下烧制后,便与坯体结合在一起。釉是一种硅酸盐,中国最早发明的釉是以氧化钙为助熔剂,以铁为着色元素的高温釉。中国最早出现的低温釉是汉代的铅釉,这种铅釉是以铜或铁为着色元素。唐三彩铅釉的着色元素在此基础上又增加了钴、锰等呈色金属。

釉浆即釉料,施于瓷坯的表面。釉浆是用釉果渗入釉灰配成的。釉灰的用量是以重量百分比来计算的,可以从6%到20%。前者是精细瓷器的釉,后者是粗贱瓷器的釉,即所谓灰器釉。据文献记载,景德镇制瓷用的釉浆就是由釉果和釉灰配制而成,主要是由氧化硅、氧化铝、氧化钙、氧化钾、氧化钠等组成。釉灰是用石灰石、凤尾草烧炼而成。

古代瓷器由于选料方法不精,特别是早期制品无配方,只能使用天然产出的黏土、瓷石或瓷土，因而有烧成后出现污点或表面颜色不好的问题。为了弥补这些缺陷，或者便于充分显出透明的釉色，就要用精选铁分少的白色瓷土挂在坯体上，然后挂釉。这种白土叫化妆土。

化妆土质地细腻，呈奶白色，它敷在胎体表面，可填充胎体表面的小孔、凹点和其他病疵，使胎体表面光滑；同时能将胎的各种呈色盖住，为坯料开辟广阔的来源。中国古时的一部分彩陶、青瓷、唐三彩和邢窑的白瓷器都挂釉化妆土。到了宋代，这种方法釉继承唐代邢窑白瓷的传统而发展到磁州窑系，不仅用白色化妆土，而且其效果远远超过了仅仅增色的作用，形成了别具一格的品种。例如，以著名的当阳峪窑为代表的各色剔划黑花或赭地剔划百花、白地绘划黑花及赭花等，都是它的典型作品。

没有涂釉的瓷骨称为胎。因为做胎的泥有精粗之分，故胎也有各种名目。用普通瓷泥做的为瓷胎；用泥捣水中，取其未沉的细粉澄之而做的为浆胎；粗的为瓦胎；笨重而坚朴的为石胎；胎质呈现铁色的为铁胎。

钴土矿是青花瓷器的呈色原料，它是一种含钴、锰、铁、铜的复合矿物，其钴含量很分散，变动在2%到9%之间，经过拣选处理可提高其含量，再经过炼制加工即能做青花色料。它的种类颇多，古代大体分为两种：一种含锰量高含铁量低，为国产钴土矿；一种含锰量低含铁量高，为国外产钴土矿。

青花所呈现的蓝色并非依

明嘉靖回青釉爵杯

赖纯氧化钴的着色效果，而是钴、锰、铁、铜综合了的色调，其中钴与铁、锰、铜等元素的比例以及色料中所含的硅、铝、钾、钠、钙、镁的比例，都会影响色料呈色。

苏麻离青，是一种从波斯进口的青花色彩料。元代与明初的青花，大多使用这种青料。其特点是发色凝重幽艳，光彩焕发，色性稳定。由于料中含有铁质和其他杂质，所以常出现深浅不同的色泽：浓处色如靛，并有似铁锈的斑点；浅处为天蓝色，有靛色和铁锈斑处都微凹不平，锈斑浓处深入胎骨并有浅淡的锡光色。它不适宜绘制线条或人物的眉目脸形，但用来绘大小花朵、梗叶之类，则独具特色，烧成后深浅相映，枝叶纷披，给人以清新明快之感。由于苏麻离青是舶来品，价格昂贵，供应亦不稳定，所以从明成化开始，就逐渐被回青和国产青料所代替。

平等青，又称陂塘青。系江西乐平出产的一种含铁量少的青料。平等青的发色以淡雅为特色，呈蓝中绘青色，清澈而明晰，在洁白温润的衬托下，显得清新悦目，优雅脱俗。它是明代成化到嘉靖中期景德镇青花瓷器使用的主要色料。

回青，顶级的回青也称佛头青，是一种进口的青花色料。回青料纯然一色，蓝中透紫，与苏麻离青、平等青色调不同。明代正德、嘉靖、隆庆、万历时期景德镇青花瓷器大多使用这种青料。

石子青，青花料的一种，也称无名子，流行于明代后期至清代早期。这种料烧出的瓷器，青花清雅，蓝中带灰，个别浓艳明丽。明末从嘉靖始，便从西域运来回青，再配以江西的石子青，作为青花的色料。回青料的比例若稍高，则青花便呈鲜艳红紫；若石子青用多了，呈色便灰蓝。由于回青价格昂贵，所以到了万历末年至天启时，多用石子青描绘纹饰。

珠明料，是国产青花瓷器色料的一种。产于云南的宜良、嵩明、沾益、师宗、富源等地。珠明料在康熙中期被普遍采用，烧出的青花发色清脆明快，色泽浓艳，层次分明，被称为"翠毛蓝"和"宝石蓝"。珠明料烧出的青花发色可以说是青花瓷的标准色调，这也是康熙青花瓷备受世人推崇的重要原因之一。清代景德镇青花瓷器所用的主要青料就是珠明料。

## 成形的技术

　　成形是瓷器生产过程中最为重要的工序之一。在当今世界，人们可以通过各种机器来完成瓷器的成形操作，诸如刀板旋压成形、滚压成形、注浆成形等等。然而，在数百年、上千年前的古代，工匠只能依靠双手，借助于必要的简单工具，把瓷器泥料加工成所需要的形状、大小和厚薄的坯体。自从制陶技术发明以后，随着人们对泥料性能认识的不断深入，手工成型的技艺得以不断提高。经数千年的发展和改进，如今，手工成形技艺已达到了炉火纯青、无所不能的境界，大至一人多高的器物，小到一指大小的产品，厚至寸余的大缸，薄似蝉羽的薄胎器，无一不依靠双手完成。

　　中国固有的瓷坯成形方法包括圆器成形、琢器成形和雕镶成形等。

　　圆器成形，是生产大量盘、碗、碟、杯等瓷器广泛采用的成形法。所用主要工具是辘轳，古代称为陶钧。辘轳的构造简单，是一块圆木板，它的下面中心处镶着一个特殊形状的瓷碗，覆盖在一根埋在泥地的直轴上端，使轴能平稳地旋转。用木杆将辘轳拨动，使它达到每分钟六七十转的速度。胎泥须先经揉练成团，然后将它放在木板中心地位进行拉坯。圆器成形全赖手法熟练，可拉成各种形状的瓷坯，除陶工的双手外，只有一片弧形的瓷刮板。在拉坯的最后阶段，用右手指捏住刮板将瓷坯内面刮成所需的形状。将拉成的坯搁置在阴处，待半干后即进行印坯手续。印模是黄泥做成的模子，它的上部即与瓷坯接触部分的形状和大小必须符合瓷坯内面。由于生坯烧成制品时会发生收缩现象，印模的大小须经数次修整才能适用，这样印过的生坯烧成制品后才能达到要求。

成形的最后两道手续是利坯和挖足。利坯是将拉成的瓷坯置于辘轳上，用利刀将坯的外面旋削，使坯的厚度适当，表面光滑。圆器成形的坯，它的里面经过印坯后一般不再进行利坯加工。拉坯时坯足留下二三寸长的泥把，以便于工人把握坯件画釉下彩（青花、釉里红）和上釉，最后才将泥把的大部分旋去，余下部分挖成底足。

瓶、罐类形状、尺寸复杂，和薄胎、脱胎器皿都是采用圆器成形方法制坯的。所用的辘轳和拉坯的操作是和圆器成形基本相同的，不同的是琢器成形拉坯所用的胎泥含水量较圆器成形的胎泥少，较为硬实，拉成的坯不易坍塌；不施印坯加工，瓷坯内外二面都用利坯法旋削成形；未经旋形的毛坯其厚度远较成品的厚度大，亦即为旋削预留的部分是很充分的。由此可见，琢器成形在原料和人工耗用上都较圆器成形多，因此它的采用只限于生产形状较为复杂和产量较少的瓷器。

四方、六角等有棱角的瓷器、像生瓷件如佛像等，以及壶嘴、壶把等配件都是雕镶成形的。雕镶成形的第一步骤是将胎泥在麻布上拍练成片，然后截割成所需大小的片料，待稍干能拿动时，用泥浆镶接，最后将表面加以修整成器。像生瓷件如佛像等的塑造，复制数量较多者，一般都采用模印，少者则用手雕成像。模子是黄泥制成，分为上下两片，胎泥压成片后分别在模内揿印成形待干后再镶接成像，头、手部分则待个别模成后镶上。佛像以德化窑最佳，景德镇有许多塑像艺人是来自该地的。瓷像中最生动的都是名工用手雕成，瓷胎极厚；普通的是用模印略加修雕使轮廓分明，瓷胎较薄。石膏模子浇注成形的方法现在虽已在生产上采用，但非中国传统方法。

113

## 瓷器的"外衣"

施釉是瓷的主要特征之一。所谓施釉，是指在成形的陶瓷坯体表面施以釉浆的过程。在烧制陶、瓷器时应该首先烧制毛坯，烧好后拿出来上釉，然后再烧。釉有很多种，以石英、长石、硼砂、黏土等为原料制成的物质涂在瓷器、陶器的表面，烧制成后有玻璃光泽，可分为结晶釉、裂纹釉等。

上釉有荡釉、蘸釉、吹釉、浇釉、涂釉等方法，按瓷坯的形状、厚薄分别采用或数法并用。

荡釉是将釉浆舀入坯内，用手摇荡，使釉浆均匀覆盖全部后倒出余浆，圆琢器皿的里面都用此法上釉。

蘸釉是将坯体浸入釉中片刻后取出，利用坯的吸水性使釉浆附着于坯上。釉层厚度由坯的吸水性、釉浆浓度、浸入时间来控制。适用于厚胎坯体及杯、碗类制品施外釉。

吹釉是用竹筒一节，一端蒙纱，将其浸入釉浆中蘸釉，再将釉浆吹在坯面，吹釉的遍数有三四遍至十七八遍不等，视其上釉所需厚度而定。薄胎和脱胎器皿多用此法。

浇釉，大型器物的一种施釉技法。手工操作是在盆或钵上架一木板，将瓷坯置于木板上，用勺取釉浆泼浇器物。浇釉机操作是将坯件置于旋转的机头上，边转边浇釉。利用离心力的作用，使釉浆均匀附挂在坯上。盘、碟类制品多用此方法上釉。

涂釉，是用毛笔将浓度像稀浆糊的釉浆涂在坯面上。此法只宜于上着色釉或同一器物上施数种不同色釉。

上釉有什么作用呢？首先，可以覆盖坯体表面，增强液体与气体的不透过性，提高了瓷器的化学稳定性。其次，釉在瓷器表面形成一层玻璃体，使瓷器表面光滑平整，不易污染，容易清洗。再次，釉可以产生着色、析晶、乳浊、消光、变色、闪光等效果，强化了瓷产品的审美性。除此之外，釉还能够改善瓷产品的抗菌性、力学性能和热性能等。

釉的品种很多，可以依据组成和性质来分类。依据熔剂可以分为长石釉、石灰釉、锂釉、镁釉、锌釉、铅釉、无铅釉。依据着色特性可以分为铜红釉、镉硒红釉、铁红釉、铁青釉。依据外观可以分为透明釉、乳浊釉、虹彩釉、无光釉、金属色泽釉、闪光釉、荧光釉、单色釉、多色釉、变色釉、裂纹釉、水晶釉和抛光釉。

## 焙烧的神秘

高岭土坯体只有进窑烧成后才能发生质的变化，由土坯嬗变为瓷器。焙烧是制造瓷器过程中的一个重要环节，瓷质的好坏与废品的多少，很大程度上是由焙烧决定的。历代窑墟遗留废品之多可以说明这一点。中国瓷窑的形制和构造随时代的变迁和窑址的不同而有所不同。

瓷器焙烧所使用的燃料有煤和柴两种。柴又分松柴和槎柴。中国北方产煤丰富，烧窑多用煤；南方则因产木较盛，几乎全用木柴。上中等瓷器用松柴，下等者多用槎柴。浙江、江西各区的窑，在宋代或更早一些的时期是斜坡长窑，据近年杭州乌龟山和江西余干打鼓岭发现的古窑的实测，窑的长度达十余米，宽仅二米左右，高则约一米，类似缸窑。元、明时期的窑的形制已与近代景德镇瓷窑接近，为蛋形的平焰窑，但窑身较现在的窑小很多。这种古窑在景德镇附近的湘湖窑的废址已有发现，可能在宋代已经筑用。

现在的柴窑也是平焰式的，窑门、火口在其前端，烟囱在其尾部，窑长约15米，腹部最宽处约5米，最高处约5.8米，总容积约260立方米。由于窑的容积大且只有一个火门，因此烧窑不易掌握，只有经验丰富的窑工才能将它顺利烧成。

瓷坯在进窑煅烧前须装在匣钵内，以免在烧成时为烟尘所染污。匣钵是耐火土制成的简状窑具，须经空烧一次，谓之"渡匣"。瓷坯装匣须垫渣饼。渣饼为胎泥制成，平面圆块。渣饼的上面须涂高岭土一层，这样可避免与坯足黏结。匣钵的底面铺糠灰一层，以使渣饼放置平服。匣钵的使用寿命，少者数次，多者十余次，渣饼则仅一次。窑墟中这类窑具之多亦由于此。匣钵装进窑内谓之"满窑"，因窑腹各部位的温度相差很大，因此各类瓷坯应视其所需烧成的温度放置在适当的窑位，如色釉瓷器的烧成温度较白瓷低，前者的窑位须排在后面一些。瓷坯满窑后即将窑门填砌，只留出火口、进风洞等，以待发火。中国窑工对于烧窑已积累了很多宝贵经验，他们将烧窑过程大致分成"溜火""紧火""沟火"等阶段。

刚发火时火势较慢，称为溜火；接着火势渐大，进入紧火阶段，因为窑内的火势分布不均，在火势较弱的地方，最后要采取措施进行导引，使火焰转向后部较强的地方，称之为沟火。陶坯在焙烧之时，需窑温为1 300 ℃，焙烧时间一般为20小时左右。

通过显微结构的观察分析，可以知道瓷的烧成过程大约如下：当温度在450—650 ℃时，高岭土迅速脱水分解成偏高岭土，随着温度的提高偏高岭土转变成铝硅尖晶石。瓷坯在950—1 000 ℃时开始烧结，此时坯体会出现剧烈地收缩，气孔开始消失，瓷坯逐渐致密。温度接近1 050 ℃时，铝硅尖晶石转变为莫来石，实现瓷化。温度达到1 200—1 250 ℃时，析出二次针状莫来石，瓷化过程结束。莫来石就是瓷胎的骨架和主体，莫来石的结构决定瓷胎的强度，通常以排列整齐的人字形莫来石为好。

除了瓷坯与温度，焙烧过程中窑炉内部的氧环境，对瓷的最终形态也会产生较大的影响。所以，业界将焙烧过程中窑炉内的空气环境称为气氛。窑的燃烧实际上就是一个高强氧化的过程，进入窑炉空气中的氧，因氧化而消耗。已经游离氧含量可分为中性气氛、氧化气氛和强氧化气氛。在不同的气氛中，坯体和釉料都会有不同的呈色表现。

实践证明，原料种类、配比、颗粒大小、坯料制备、成型手段、烧成制度的微小变化，都有可能形成南辕北辙的窑变，这也是瓷的神秘与可爱之处。

## 美化的纹饰

纹饰即瓷器装饰纹样的总称，最初是人们美化瓷器的符号。从起初简单的弦纹、水波纹、网纹等，逐渐演变成为复杂的几何纹、动物纹、植物纹、人物纹，直至成为题材广泛、内容丰富、色彩明亮、构图饱满的综合形纹样。在不同地域、不同审美标准与生活习惯中，随着时代更迭，一些纹饰还被赋予特定的含义，具有各时代、各地区独特的风格，从而反映了多样的审美情趣。

纹饰的构图多种多样：有单独纹样；有二方连续纹样，如带状纹；有四方连续纹样，如缠枝纹、锦纹；有复杂纹样，如团花纹、皮球花纹；还有写实风格的绘画，如山水、花鸟、人物等。依照纹饰的发展，我们将瓷器的纹饰分为几何纹、动物纹、植物纹、人物纹、宗教纹、吉祥纹和其他纹样。

几何纹是以点、线、面组成的一种或多种有规则的几何图形的纹饰。几何纹在商周时期的原始瓷上开始被大量采用，东汉时期的瓷器纹饰仍以拍印几何纹为主，后来几何纹在瓷器装饰中逐渐退居次要地位。明清时期彩绘的锦地及锦灰堆几何纹，繁缛而精巧，但一般只作器物的边脚纹样。

几何纹包括布纹、编织纹、网纹、条纹等等。新石器时代，几何纹由简单的划、刻、剔、刺、压印、堆贴装饰，逐渐复杂起来，风格也由拟实进入抽象，逐渐成熟。秦汉时期及以后，几何纹常被用来作瓷器的装饰图案或辅助纹饰。如钱纹，就是瓷器装饰的一种典型纹样，因其图案呈现为圆圈中有内向弧形方格，似圆形方孔钱而得名，汉代瓷器上始见。表现手法主要为印花、刻花和绘画，多装饰在盘、碗的边沿或瓶、罐的肩部或腹部。主要用作辅助纹饰，但也有作主题纹饰的，故宫博物院收藏的褐釉钱纹大罐就是代表作。宋、元、明三代较流行。

动物纹是指描摹各种动物形象的一类纹样，广义上包含具象和抽象两类，狭义上只指写实性强的具象纹样。动物纹在新石器时代早期就已出现。新石器时代中晚期的彩陶文化中，动物纹显著增多，装饰性增强，装饰手法及表现意识趋于成熟。典型纹样有各种代表性鱼纹、鸟纹、兽面纹及龙纹等。

随着时代文化的发展，动物纹也体现出当时人们的精神追求，出现了臆想、综合、非写实动物纹。二里头文化早期陶器上的浅刻动物纹出现了龙、饕餮等虚构动物图案，表现技法则是绘画、模印、刻画、雕塑等兼而有之，运用更加自如，形象更加生动。

鱼纹，是瓷器装饰纹样之一，鱼因与"余"谐音，寓"富贵有余""连年有余"之意。鱼纹最早出现于新石器时代早期的河姆渡文化陶器上。瓷器鱼纹见于宋代，明清时期鱼纹多见，且表现方式很多，有青花、釉里红、五彩和粉彩等。鱼纹有一至五尾不等，多与水纹组合，或莲池鱼藻，或水藻游鱼。元代鱼纹体肥而大，多与水草组合在一起，具有线条流畅、绘画细腻、生动活泼的特点。明代的鱼纹绘画富有静态，不追求真实性，带有装饰性，以鲤鱼为主。清代鱼纹绘画细腻，以写实居多，且富有寓意，常与磬、璎珞、灵芝组合，寓意吉庆有余，清晚期多以金彩描绘。

花鸟纹，也是一种传统的瓷器装饰纹样，因以花卉与鸟类相配组成画面而得名。最早见于唐代长沙窑釉下彩绘瓷器上，宋代则主要见于磁州窑白地黑花瓷器及耀州窑青釉刻花瓷器上。明、清时期景德镇窑彩瓷上盛行花鸟纹装饰，鸟种类繁多，更多糅进中国画工笔画法，大多栖于枝头，形态活泼，生动逼真。如明宣德青花枇杷绶带鸟纹盘，描绘绶带鸟正在啄食枇杷的生动图像，成为彩瓷花鸟纹的代表作。

植物纹是表现各种植物形象的一类传统纹样。植物纹在新石器时代前期就已出现。新石器时代中期和晚期的彩陶文化中，彩绘植物纹如叶形、花瓣形纹样较为多见，构图及表现力都大为增强。商周在陶器和原始青瓷上流行的叶脉纹，是抽象性植物纹样。战国、秦汉至六朝前期，瓷器上常见柿蒂、卷草等图案化的植物纹。南朝时期佛教盛行，莲纹风靡，给植物纹赋予了意识形态的含义。隋唐时期，随着中西方文化交流，具有西域风格的花卉纹、叶纹、草纹使中国瓷器装饰面目一新。宋代瓷器上的植物纹发展得丰富多彩，装饰效果强烈的竹枝、小树、芦苇、花卉等各种植物纹堪称典范之作。元、明、清各代的植物纹更加丰富，既有精致的图案，又有写实的绘画。与同时代其他纹饰一样，用植物表现的吉祥图案也很常见，如寿桃、松竹梅"岁寒三友"和梅兰竹菊"四君子"等，人文含义极为丰厚。

牡丹纹，是指以牡丹花为主题的纹饰。自唐代以来，牡丹颇受世人喜爱，被视为繁荣昌盛、美好幸福的象征，宋时被称为"富贵之花"，故成为瓷器上的流行装饰。表现技法有刻花、印花、绘画等，形式有独枝、交枝、折枝等。构图方式有适合式、对称式、均衡式等。宋代时将牡丹纹用作辅

牡丹纹花口大盘

助纹饰。元、明、清三代,牡丹纹久盛不衰,多用为主纹,装饰在瓶、碗、盘、罐等器皿的主要部位。明代还盛行牡丹与莲、菊等花卉相配组成四季花的纹饰。清代彩瓷器中喜作拟实性摹绘,都是工笔重彩,一丝不苟,将牡丹花的国色天香、雍容华贵表现得淋漓尽致,另外还喜以诗配画。著名的清雍正粉彩牡丹纹盘口瓶就是典型的代表。

莲纹,是指以莲花为主题的纹饰。莲纹是传统的装饰纹样,也是典型的宗教纹样之一。南北朝时期,佛教盛行,被视为佛门圣花的莲成为瓷器上的流行纹饰。这一时期在碗、盏、钵、盘的外壁或内壁划复线仰莲,有的盘心还饰蓬莱纹,酷似盛开的莲花。同时也有雕刻成立体状的莲花。宋代佛教世俗化,莲纹大量出现,但宗教意味已淡薄。宋代定窑、耀州窑、景德镇窑等,多在盘、碗、瓶、罐、枕上分别用刻画、模印、彩绘等手法,以串枝、缠枝、折枝等多样姿态表现优美清雅的莲纹。元代青花瓷器上不乏莲纹,有作为主纹的,也有作为辅纹的。瓶、罐、壶等器物胫部或颈部的莲瓣及莲叶纹,既有一定的模式,又在定式中追求细部变化。明清各类瓷器上,莲纹普遍存在,多以缠枝、串枝形象出现,写实性莲纹和图案形性莲纹均常见。明永乐与宣德青花盘上,盛行一把莲纹。宣德以后,莲纹与鸳鸯纹的组合装饰风行。

梅花纹,是南北朝以后流行的瓷器装饰纹样之一。"岁寒三友",梅居其一,梅能于老干发新枝,又能御寒开花,故古人用以象征不老不衰。梅瓣为五,民间又借其表示五福:福、禄、寿、喜、财。因此,明清以来梅花纹样是最喜闻乐见的传统寓意纹样之一。北京海淀出土的永乐青花带盖梅瓶就是典型的代表。

卷草纹又称卷枝纹或卷叶纹,是一种

青花缠枝莲纹花觚

典型的瓷器装饰纹样，因其以柔和的波曲状线组成连续的草叶纹样装饰带而得名。因在唐代已十分流行，日本人称之为唐草。卷草纹仅出现枝茎或草蔓，不出现花卉或花果，凝练概括，更具抽象性。卷草纹源于魏晋南北朝时期流行的忍冬纹，但更规范也更细致，通常只作为辅助纹饰。表现技法有刻画、彩绘等。唐代以后，卷草纹传承不断，素材除忍冬、牡丹以外，又有石榴、荷花、菊花、兰花等。明代中期重视以荷花为主体的卷草纹，后由荷花图案演变为串枝花图案，并广泛运用在织锦上。明清两代的卷草纹风格趋向繁缛、纤弱，失去了唐代的生气，但仍然是重要的传统图案。

人物纹是中国瓷器纹饰中的重要组成部分，有着悠久的历史，如早为世人所熟知的西安半坡彩陶中的人面鱼纹，堪称早期人物纹饰的杰出代表。人物纹饰在瓷器上的应用，大致是在魏晋时期，这一时期的人物纹饰题材相对较窄，多为宗教、神话人物。南北朝时期，人物纹饰的题材有了拓宽，以胡人舞乐、佛像、竹林七贤等作为新的瓷器装饰图大量出现。隋朝虽历时较短，但从个别器物上亦见有人物图，无论是人物的刻画还是人体结构的比例，均具有较高的水平。唐、五代人物题材的婴戏图、仕女图、对饮人物图等具有鲜明的时代特征。宋代瓷器中人物题材大增，特别是刻、印、绘、划、贴诸法并用的婴戏图在人物题材中占有极大的比重。辽代盛行花卉纹饰，人物题材的纹饰相对较少，但线条简洁，形象生动，亦具有较高的艺术价值。金代瓷器中的人物纹饰具有浓郁的生活气息和乡土气息，刻画熟练，形象生动，代表了时代水平。元代的人物题材纹饰起到了承前启后的作用，不仅题材拓宽，而且绘画水平也有了相应的提高。明代瓷器上的人物题材十分广泛，尤其进入中晚期后，人物纹饰内容繁多，表现手法高超，在继承之中又有创新。特别是刀马人物纹饰对清代人物纹饰产生了深远的影响。

仕女图应该说是瓷器装饰中人物纹的典型纹样，因以仕女为主题而得名。最早见于唐代长沙窑瓷器，宋元时期由于花鸟画盛行，仕女图较为罕见，明清时期是仕女图的发展时期。明晚期仕女图的大量出现，在一定程度上反映了当时社会生活的现实。如宣德年间烧制的青花仕女图梅瓶，高31厘米，口径6厘米，底径11.2厘米，画面取自唐代杜牧《秋夕》"轻罗小扇扑流萤"一句。纹饰构图共分四层，每层之间以弦纹相隔，庭院中一发髻高绾的仕女端坐几凳之上，一仕女执扇追扑流萤，另一个仕女手捧琴匣。人物造型准确，线条飘逸流畅，远山近景、庭院蕉松的画法精略得当。清代时，仕女图大量增加，历朝均有绘制，但风格画法各不相同。

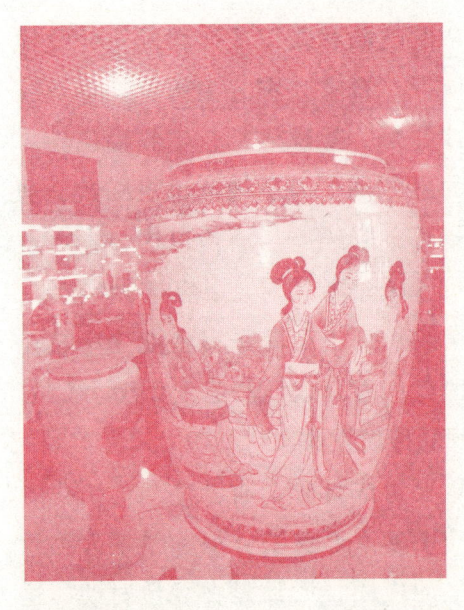

人物题材纹饰

# 第七章 瓷之名窑

唐代以来，瓷器生产形成"南青北白"的格局，南方青瓷以越窑为代表，北方白瓷则以邢窑为代表。北宋中期以后越窑衰落，而此时的邢窑亦被定窑所取代，形成朝廷用瓷过分依赖定窑的格局。北宋中期以后，定窑为了提高生产数量，降低成本，改用覆烧法，碗、盘等器具口沿在入窑前须刮去一圈釉，烧成后便留下涩圈。北宋时宋徽宗不满于当时贡御瓷器的瑕疵和缺陷，决定引入汝瓷及开封东窑等窑口、窑系的制作精华，在东京汴梁，即今河南开封，按照自己的设计亲自指挥烧制和创制巅峰之瓷。南宋顾文荐《负喧杂录》中也曾记载："宣政间京师自置窑烧造，名曰官窑。"

## 宋朝官窑

北宋官窑作为宫廷高级艺术陈设品完全在于它既无精细雕饰以炫耀，又无艳彩涂绘以媚人，唯以体态造型之美，釉色纹片之俏，焕放出迷人的艺术魅力。它制作精良，用料考究，故有"贡篚银貂金

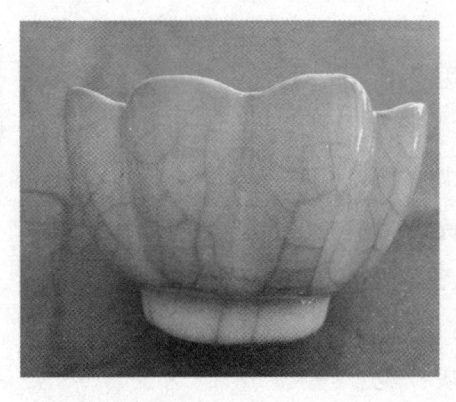

北宋官窑荷花杯

作籍,官窑瓷器玉为泥"之誉。致使《饮流斋说瓷》赞为"官瓷重楷模,精华四海萃"。其仪表和风范是当时和后世瓷器业长期追求和模仿的榜样。

然而,北宋的官瓷的生产,仅历时18年,随着"靖康之难",就如昙花一现般荡无踪迹。1127年,北宋灭亡,宋高宗赵构南渡,建都临安(今浙江杭州)。与此同时,许多制瓷名匠也云集杭州,先后在杭州南郊的万松岭和乌龟山下的八卦田附近建立南宋官窑,设置了"修内司"官窑和"郊坛下"官窑,由南宋朝廷专控,烧制包括茶具在内的生活用具和艺术瓷器。

南宋叶寘《坦斋笔衡》记载:"中兴渡江,有邵成章提举后苑,号邵局,袭故京遗制,置窑于修内司,造青器,名内窑。澄泥为范,极其精致,油色莹澈,为世所珍。后郊坛下别立新窑,比旧窑大不侔矣。"南宋官窑共有两处:一处为修内司官窑,一处为郊坛下官窑。修内司窑窑址在杭州凤凰山下,但至今尚未发现。郊坛下窑窑址在杭州市南郊乌龟山一带,已作部分发掘。

南宋官窑器物胎色呈黑、灰和米黄等色,釉色有天青、粉青、炒米黄等多种色泽,釉面厚润莹亮,釉中气泡小,如粉末状。釉面多开片,片纹较大且纵横交错,有的呈冰纹重叠状,这是与汝窑、哥窑开片的不同之处。器物整体素朴无饰,却以开片作为美化器表的手段,格外雅致。

南宋官窑产品主要分两类:一为薄胎薄釉器,一为薄胎厚釉器。前者用支钉支烧而成,后者用垫饼垫烧而成。官窑一部分器物口沿釉较薄,由于胎色较深,透过釉层,泛出淡淡的紫色,足际露胎呈黑色，这种紫口黑足即文献所谓"紫口铁足"的特征。

官窑产品以盘、碗、碟、洗等日常器皿居多。为了满足朝廷的特殊需求，附会仿古之风，也生产一些礼仪陈设用瓷，造型多仿商周秦汉古铜器和玉器式样。台北故宫博物院收藏的官窑弦纹瓶是不可多得的典型官窑产品。此瓶折沿，直颈，鼓腹，有圈足。颈有两道凸弦纹，颈腹间有一道弦纹，腹部有三道弦纹。釉色厚莹润亮。器口边缘部分，由于釉汁下垂，釉层较薄，透出黑色胎骨，略泛紫色；底足露胎部分则呈黑色。器身有纵横交错的开片纹。此瓶造型端正俊俏，线条干净利落，具有单纯、清逸、明朗的艺术效果。该瓶釉色淡雅，釉汁厚润，细腻平滑。其幽雅凝重、盎然天趣的特点，令人赏心悦目，愈发显示出青瓷的艺术观赏价值。

又如杭州南宋官窑博物馆收藏的官窑青釉簋式炉，于1985年杭州乌龟山南宋官窑窑址出土，高10.5厘米，口径9.7厘米。此炉敛口，凹沿，束颈，鼓腹，大圈足外撇，龙首形双环耳，腹上部有两周弦纹，垫烧，粉青色厚釉，玉质感很强，器身遍布纹片，开片大小适中。器物形制系仿商周青铜簋式样，造型端庄流畅，肃穆大方，属南宋官窑的经典之作，用于宫廷陈设或礼仪活动。

南北两宋的官窑共有六处：越窑、景德镇窑、官窑、汝窑、修内司官窑和郊坛下官窑。1279年，南宋王朝覆灭，工匠流失，官窑毁弃。

## 越　窑

越窑是中国古代著名制瓷名窑，主要分布于浙江宁绍地区，现今的上虞、余姚和慈溪为烧瓷中心。由于这些地方在唐、宋时期是越州辖地，故名越窑。目前，已发现的越窑窑口遗址已近30处，以唐代至北宋时期的窑口居多。

越窑自东汉开始创烧青瓷，六朝时开始发展，隋唐时逐渐兴起，宋代渐渐衰落，在前后一千多年里，越窑的瓷器生产从未间断，规模不断扩大，制瓷技术不断提高，一直是青瓷器具的主产地。中国南北各地的众多瓷窑和韩国、日本的制瓷业无不受越窑的影响。所烧造的青瓷上达朝廷，下供庶民，一直备受青睐，而且还远销亚洲和非洲的20多个国家和地区，为人类文明的进步做出过巨大贡献。

越窑，以烧制日常生活用器具为主，从已出土的器具来看，当时烧制的茶具，主要有茶碗、执壶、茶盏、茶盘等。这些茶具，胎体细薄，釉面滋润，色泽青绿，还有浮雕、釉下彩绘、刻画花等装饰，使茶具显得优美动人。陆羽《茶经》中有"碗，越州上"，即指越窑产的茶具为上品，陆羽说它"类冰""类玉""益色"，以致青瓷茶具为唐代茶人所崇尚。越窑以青瓷出名，尤其是秘色瓷，一直都是唐、五代时期的"贡瓷"，在中国瓷器史上占有重要地位。其釉色青绿若碧玉，釉质晶莹润澈，曾是中外史学家们力图解析的千古谜案。唐代诗人陆龟蒙赞越窑青釉器具是"九秋风露越窑开，夺得千峰翠色来"，把胎质细腻、釉色晶莹、以青翠著称的越窑青釉瓷器，说得栩栩如生，惟妙惟肖。五代十国时，吴越国国王钱镠将"秘色瓷"作为宫廷专用瓷，并将其作为向后唐、后晋和宋、辽王朝的进贡品。此时，越窑青瓷受皇室直接控制，烧制技艺更加精湛，原料处理更加细致，成形要求更加严格。

较著名的有北宋越窑青釉盒，1983年江苏常州劳动东路工地出土。

越窑多管瓶

该盒弧面圆盖，与盒身以子母口盖合。盒为浅坦腹，底微凸，可见一周支烧痕。大圈足，足根外撇，胎体坚致，釉色青黄。盒盖中心刻画牡丹纹及三周弦纹，边缘刻一周短花叶纹，纹饰清晰优美。

越窑茶具除行销当时的大江南北外，唐代开始还远销非洲。越窑成为当时最著名的烧制茶具的瓷器生产地。宋代开始，越窑被官方所垄断，设官监烧，生产的是被称之为"秘色瓷"的精瓷。由于传世的宋越窑精瓷少见，而现存的带有"端拱元年""淳化二年"和"元丰三年"款的越窑青瓷质量大不如五代产品，有人认为宋代设官监烧的时间不长，估计是在太平兴国七年（982年）至淳化二年（991年）左右。传世品中也确实少见有纪年可考的越窑精瓷。因此，宋代越窑的代表青瓷生产最高水平的地位被定窑、耀州窑所代替，转而生产民用器物，但这并不排斥越窑还生产一定量的精瓷。

传世南宋越窑秘色枕就是代表作。这件青瓷枕长方形，两端宽平，底面略凹，一端有圆孔，器内中空。每面周边浅划双线，正面划波浪纹，胎厚釉薄，青色浅淡不均，釉内隐纹如藻，面多冷纹，一端有支钉痕迹，露灰白色胎。枕的侧面还刻有乾隆御诗。

总体来说，越窑青瓷的特点是胎质细腻，造型典雅，胎色灰白，线条流畅简洁，纤细生动，青釉莹莹，质如碧玉。

越窑系瓷在北宋时盛行花纹装饰，采用刻、划、镂、雕和堆雕等多种手法，常见纹饰有蝴蝶、鸳鸯、鹦鹉、游鱼、孩童、携琴访友、吹箫引凤和花卉等。其装烧方法以长条细泥垫隔，故有的器物底足留有数段长条细泥痕迹。

越窑瓷器主要器形除茶具外，还有盘口壶、鸡首壶、执壶（注子）、唾壶、虎子、谷仓、碗、蛙盂、熏炉、砚、烛台、耳杯、托盘、盏托、粉盒等。

北宋是越窑走向衰落的时期，胎质越来越粗糙，且多气孔、气泡，显然表明原料的粉碎、淘洗、捏练、陈腐等工序简率，质量明显下降。北宋以后，随着南方景德镇窑，北方定窑、磁州窑、耀州窑等新窑的兴起，越窑渐渐衰落，产品多为日用品，精品较少。

## 钧　窑

　　河南禹县从前称为钧台，宋代时叫钧州。宋代初年在这里开设瓷窑烧造瓷器，所以叫作钧窑。钧窑始烧于北宋，盛行于北宋晚期，金代、元代继续烧造，并影响附近地区，还扩展到河北、山西两省，形成一个规模庞大的钧窑系统。钧台窑在宋代初年创烧，最兴盛的时期是在北宋末期。

　　北宋末期，徽宗皇帝穷奢极欲，在江南遍寻奇花异石，大搞"花石纲"。钧窑瓷器也以其幽雅深邃的乳光效果和灿如流霞的色彩受到青睐。钧窑又生产了专门的陈设瓷器，如仿古代青铜器的出戟尊、敛口尊、香炉、鼓钉洗，以及葵花式、莲花式、海棠式、六角形的花盆等来迎合时尚，因此钧瓷畅销汴京和许洛一带，并且大批流入宫中。北宋统治者也派官员监烧，又建立了官窑，以满足宫廷的需要。

　　宋代钧窑产品胎质细腻坚致，呈浅灰色，胎体厚实庄重，造型规整。窑变的色彩丰富，色泽光亮幽雅，绚丽多彩。入金以后，钧窑继续烧造，但停止烧制北宋末年那种仿古器形的陈设瓷，而以烧制日常生活用具为主。元代钧窑迎来了大发展时期。这个时期钧窑的特点是胎体厚重，并变得粗糙，釉层也变得极厚。碗、盘等器物施半截釉，烧制技术差。金代出现的加红斑的装饰在这时大大流行，多数器物都有，但质量明显下降。此时，钧窑系的范围迅速扩大，烧造钧瓷的窑场扩及河北、山西的许多地点。南宋时在浙江金华一带也有窑场大规模烧造，并作为外销瓷输往国外。

钧窑的一个特点是专门烧制彩色的瓷器，所烧制的瓷器五色斑斓，光彩夺目，艳面绝伦，色彩多种多样，其中最著名的有玫瑰紫、海棠红、茄皮紫、梅子色、驴肝与马肺混合色等。墨色以及窑变的各种颜色，相传以红如胭脂色的为最好，葱翠青与墨色的瓷器稍微差点。而瓷器鉴赏家则认为，颜色纯正且底部有一两个数字的瓷器是上品，即红紫色的为单数，青蓝色的为双数，以杂色的为最差。古人曾用"高山云雾霞一朵，烟光凌空星满天。峡谷飞瀑兔丝缕，夕阳紫翠忽成岚"的诗句形容钧瓷窑变、釉色之绝妙。

钧瓷的釉质较厚，红釉之中有兔丝纹与蟹爪纹，呈现出华丽雅致之美，没有上釉的地方也是羊肝色。通过考察钧窑瓷器的颜色，发现红紫色最美，这种颜色也比其他颜色多。明代的祭红估计就是受它的影响。

钧窑还特别使用一种乳浊釉，即通常说的钧窑窑变釉。窑变釉具有变化多、色彩丰富、形态复杂的特点。它的最初出现完全是偶然的，人们按一定的配方，制成某些釉料，施于制品，入窑焙烧后，产生了出乎人们意料的颜色和形态，或如夕阳晚霞，或似秋云春花，或像大海怒涛，或若万马奔腾……人们对此现象无法解释，就称之为窑变。

钧窑的另一个特点是，其烧制的瓷器上时常出现不规则流动状曲线，其形状好似一条蚯蚓在泥土中游走，故称为"蚯蚓走泥纹"。这种纹线形成的原因是釉层在干燥时或烧成初期发生开裂，后来又在高温下被黏度较低部分流入空隙填补裂痕。这种特征往往是鉴定钧瓷真伪的一个标准。

在中国国家博物馆收藏的北宋钧窑海棠式花盆，敞口折沿，腹上阔下敛，平底，四云头足。盆底有五个圆孔，盆内壁施天青色釉，外壁施玫瑰紫色釉，釉汁厚润，上有蚯蚓走泥纹。钧窑所烧瓷器以美若朝霞的玫瑰紫和碧如蓝天的天青色为最佳。外底面有清代乾隆

钧窑出戟尊

时期加刻的"重华宫""金昭玉翠用"八字楷书以及"四"字。这件钧窑海棠式花盆为传世佳品。

钧窑的主要产品是铜红釉瓷器，胎骨坚硬如钢，叩之作铁声，胎色较深，带褐紫色或浅灰色。釉色有天青、月白、海棠红、玫瑰紫四类。以蛋白石光泽的青色为基调，具有乳浊状和不透明的感觉。钧窑瓷器多为盘、碗、瓶、盆等日常用品，也烧造奁、尊、洗等陈设瓷。

故宫博物院珍藏的钧窑出戟尊，高31.8厘米，口径26厘米，足径21.2厘米。造型仿古铜器式样，口沿外撇，颈部内收，鼓腹，下接喇叭形圈足。外表饰以四行相同的扉棱，俗称出戟。典朴柔韧的造型，厚薄相济的胎骨，赋高大尊体以端庄、浑厚的气度。尤其是那月白与红紫相映的釉色，自然而微妙，匀净而淡雅，仿佛在蔚蓝的天空忽然涌现出一片红霞那般灿烂绚丽。此尊为宫廷陈设用瓷，一直是明清皇帝珍藏之器。

钧窑瓷器是宋代瓷器百花园中的一朵奇葩。它首创了在釉中添加铜作为呈色剂的新工艺，为中国的瓷器美学开创了一个崭新的领域。

## 定 窑

定窑，是继唐代邢窑而起，在邢窑的影响下烧造白釉瓷的一个中国北方的著名窑口，中心窑址位于今河北省曲阳县涧磁村和燕川村附近。曲阳县在宋时属定州，而且定州是曲阳所烧瓷器的主要集散地，因此称为定窑。

定窑原为民窑，北宋年间，因一度烧造宫廷定窑瓷而声名鹊起。定窑的瓷器烧造最早可追溯到隋代。从隋到唐武宗时期（6世纪末至9世纪中叶）是定窑的初创时期。这时定窑产品的质量较差，产品都是日用器皿，造型不甚规整，胎体厚重粗松，含有大量杂质。唐武宗以后的晚唐时期到五代末期，定窑进入了初步繁荣期。这个时期器物种类增加，造型精美，特别流行仿金银器的五花式、三花式口的碗。胎体变得洁白坚致，瓷化程度较高，胎体较薄。釉面变得光润平整，釉色洁白的已占了绝大多数。进入北宋以后，定窑持续发展并达到了高峰，制瓷技术进步迅速。北宋中后期，定窑由于瓷质精良、色泽淡雅、纹饰秀美被统治者选为宫廷用瓷，窑口由官督民办，地位高于当时汝、官、哥、钧四窑的青瓷。

宋人叶寘在《坦斋笔衡》中曾记载："本朝以定州白瓷器有芒，不堪用，遂命汝州造青窑器。"由此可见，在汝窑开烧以前，定窑器一直是供给官用的。现在发现的定窑瓷器，有许多带有各式题款，在北宋早期的器物中，常见有"官"或"新官"字款，还有"尚食局""尚药局""食官局"等官府名称刻款，以及"奉华""慈福""禁苑""德寿"等宫室刻款，足见它是一座官窑。

北宋哲宗以后，定窑进入了独特风格的形成时期，器物种类增多，胎壁更薄，釉色主要是白泛米黄色，开创了以印花为主的装饰风格，影响了整个北方地区。

金灭北宋，北方地区尽入女真人之手。定窑在宋金战争中受到沉重打击，在靖康之变后的几十年间，生产停滞，大批工匠南逃，许多优秀的定窑工艺传到了南方景德镇等地，促进了那里制瓷业的发展。南宋以后，景德镇的一些产品，无论从造型、装饰和装烧工艺，都与定窑十分相似，因此景德镇被后人称为"南定"。

金世宗大定年间（1161—1189年），社会经济得到恢复和发展。定窑在北宋所得成就的基础上继续发展。这个时期，定窑在产品质量和工艺技术方面与北宋末年大体相似，器壁仍很薄，釉色略泛黄，但印花装饰空前流行，纹饰十分生动，流行写实的风格，大量出现动物纹、植物纹和吉祥图案。如莲花、牡丹、石榴、菊花等植物，鱼、鸳鸯、鹭鸶、鸭、龙、凤等动物纹饰，以及犀牛望月、狮子戏球、福鹿（禄）和婴戏莲塘等吉祥图案。表现出从清雅艺术向庶民艺术的转型，更富有民间气息和风格。

金宣宗贞祐二年（1214年）以后，定窑所在地很快落入蒙古人手中。进入蒙古时期，定窑迅速衰落，精细的产品停烧，从总体面貌上看，变成与磁州窑相似的一个以生产粗瓷器为主的窑场。

宋代定窑以烧造白釉瓷为主，同时兼烧黑釉、酱釉、绿釉等所谓黑定、紫定、绿定、红定等彩色釉的定瓷品种。这些彩釉品种是在白瓷胎上罩上一层高温色釉烧成的。如安徽省肥西县出土的一件紫定金彩矮梅瓶，高18.1厘米，小盘口，颈较长，鼓腹，隐圈足。此器胎体很薄，通体施褐色酱釉，釉面光洁，器表绘金彩纹饰，但金彩已脱落，仅存痕迹。此器的釉色并不是最美的紫定，但器形十分规整，并加施金彩，仍为定窑不可多得的珍品。

定瓷还以纹饰为美。定瓷的釉层比其他名窑瓷器的都薄，加上河北曲阳是石刻之乡，因此具备了雕刻装饰的基本条件。纹饰题材有牡丹、莲花、萱草等花卉纹，凤凰、孔雀、鹭鸶、鸳鸯和鸭等禽鸟纹，龙则辅以云纹或海水，还有婴戏、水波纹等。定瓷的器形主要是碗、盘、瓶、碟、盒和枕，还有少量净瓶和海螺等佛前供器。如2008年北京中嘉国际拍卖有限公司拍卖的定窑白釉仕女莲花枕，高19.8厘米，长48厘米。此枕为一仕女侧卧，造型优美，人物刻画精细，头发丝丝入微，面容和善，五官标致，胎体厚重，釉色洁白，保存完好，堪称精品。

定窑在中国瓷器史上最先采用匣钵覆烧技术，此举既可节省燃料，又可防止器具变形，大大提高了生产效率，增加了产量，但是也带来了芒口及垂釉的缺点。定瓷施釉极薄，可以见胎，在器物外壁薄釉的地方能看出胎上的旋坯痕，俗称竹丝刷纹。同时，为了掩饰覆烧产生的芒口缺陷，定瓷的口沿多镶金、银、铜质边圈。

定窑属北方白瓷窑系，是宋代白瓷最高水平的代表。定窑在中国瓷器史上的地位非常高，其造型、装饰、烧制技术深刻影响了后来的各大窑场，对瓷器的生产起了巨大的推动作用。北宋末期，定窑受兵灾摧残，逐渐衰落和废弃。金朝统治北方地区后，定窑再度兴盛起来，成为北方大窑场，并继续作为贡瓷上贡。到了元朝，定窑逐渐没落。

故宫博物院收藏的宋定窑孩儿枕，是定窑中的珍品。整个瓷枕做成儿童侧卧姿势，左手垫头，右手拿着绣球，双脚交叉翘起，一副天真顽皮的神态。人物造型比例适宜，神态自然，惟妙惟肖，突出了早得贵子的主题，利用人物侧卧形成的弯曲下凹处为枕面，自然巧妙，构思别具一格。全枕施以白釉，釉色洁白晶莹，呈透明状，表现出了沉静雅素的艺术风格。瓷枕属于生活用品，最早见于隋，唐以后大量生产。此枕以其独特的造型最为罕见，而且人物形神毕现，衣纹流畅自然，釉色玉洁冰清，是定窑瓷器中不可多得的稀世珍宝。

## 景德镇窑

景德镇窑位于今江西省景德镇市，故称景德镇窑，实际上由数个窑口组成，故又称景德镇窑系。景德镇窑作为元、明、清三代的官窑，烧造陶瓷的历史非常悠久。南朝至唐代时，景德镇称"昌南镇"，以烧青瓷出名，唐中后期开始烧造白瓷。北宋景德年间，昌南镇的青白瓷闻名全国，因此改成"景德镇"，官监民烧，为皇室烧造贡瓷。两宋时期，景德镇以青白瓷出名，釉色白中泛青、青中见白，多素瓷或刻、印、划、贴花等装饰，釉质透明如水，在灯下隔着瓷器可

景德镇古窑厂

见手指,胎体质薄轻巧,刻划纹在光下若隐若现。

1279年,元朝灭亡了南宋,南北瓷窑大都遭到严重破坏,由于元统治者的重视和需要,元朝在景德镇设立"浮梁瓷局"监烧瓷器,为景德镇瓷业生产的发展创造了一定的条件。当时强大的蒙古帝国曾经征服欧亚各民族,其统治地区横跨欧、亚两洲,中西交通往来频繁,海外贸易发达,这也在一定程度上刺激了景德镇瓷业生产。景德镇创烧了闻名中外的青花瓷、釉里红瓷、卵白釉瓷。明清时期,景德镇窑更是空前发展,生产出众多釉下彩和釉上彩品种。目前,景德镇依然是瓷器生产的中心,为中国和世界提供大量优质瓷器。

从明代开始,景德镇就成为"天下窑器所聚"(《二酉委谭》),当时有"有明一代,至精至美之瓷,莫不出于景德镇"的说法。特别是彩瓷、青花瓷及彩釉的烧造成绩尤为显著。

明代景德镇制瓷工匠在继承前代的烧制基础上改进工具,发明了吹釉技术,融南、北窑炉之所长,发明了鸭蛋形窑。窑炉经改造后,产量大大增加，烧窑技术也有了很大提高。

洪武二年（1369年）到万历三十六年（1608年），明朝在景德镇设立御窑，专烧供皇室和统治阶级上层人物需要的用品，并派督窑官监工。由于官府直接控制或干涉生产，景德镇集中了最优秀的工匠，以雄厚的资金，按照宫廷的需要，不惜人力，不惜工本，制出最精美的作品，这样，景德镇制瓷工艺又进入一个新的阶段。

明代景德镇的白瓷、青瓷、青花、青花加紫、青花红彩，釉里红、斗彩、五彩、红釉、蓝釉等品种，开始盛行。青花瓷因其花纹在釉下不脱色，静雅美观，颜色鲜艳稳定，成为这一时期瓷器生产的主流。在图案的装饰手法上趋于轻松、愉快，美丽的花卉和生动的人物、动物形象，给人以美的享受。如北京市海淀区国家气象局院内明墓出土的一件成化青花携琴访友图纹大罐，高24.2厘米，口径15厘米，足径15.3厘米。这件青花罐以携琴访友为主要装饰图案，并有松竹梅组成的"岁寒三友"图点缀其间，具有很强的时代特征。此罐具有淡雅的青花色泽，精细的胎釉，颇具意境的画面，是一件难得的珍品。

釉里红瓷器在这一时期逐渐成熟。铜红单色釉瓷器突破以往的成就，达到新的高度。景德镇窑采用生坯挂釉，入窑在还原火焰下高温一次烧成，使瓷器通体纯红，光彩夺目，这就是有名的宝石红。

除此之外，斗彩瓷在这一时期烧制成功。斗彩瓷器制作时，要先在瓷器的胎上用青料画上花纹，然后施透明釉，入窑以高温焙烧，在烧成的瓷器上沿青花轮廓填上各种所需要的彩色，再次放入窑中以800℃左右的低温焙烧。一件完美的斗彩瓷器就这样生成了。故宫博物院就藏有一件斗彩瓷器——斗彩鸡缸杯，该杯高3.8厘米，口径8.3厘米，胎薄体轻，釉色纯净。此杯大口硕腹似水缸，器外表绘鸡纹饰，故称鸡缸杯。鸡缸杯在明代十分珍贵，明朝时期的《神宗实录》中记载："神宗时尚食，御前有成化彩鸡缸杯一双，值钱

斗彩鸡缸杯

十万。"此杯流传至今，乃当今稀世珍宝。

经过2 000多年的发展，到清朝时期，中国封建社会制瓷技术到达历史最高水平。尤其以康熙、雍正、乾隆三朝时期制瓷工艺最盛。清朝统治者对此十分重视，经常过问，派了大量官吏前往景德镇监督官窑生产，有力地推动了官窑制瓷业的发展，瓷都景德镇的窑户在这一时期多达数千家，工匠十多万，规模空前。

清代景德镇制瓷业的成就，集中体现在各种彩绘瓷和彩釉瓷的生产上。

康熙青花瓷器，用提炼精纯的国产钴料在优质瓷胎上作画，特点是画面清晰干净，层次清楚，钴蓝呈现的色彩翠蓝光艳，给人以清新明快之感。题材广泛，画面宏大。无论山水、花鸟，还是古典小说故事场面，每幅构图都是独立完整的画面。雍正、乾隆时期青花层次较少，但色彩艳丽，绘瓷艺术仍然有所提高。

康熙时期的五彩瓷比之明代又有很大发展，除用红、绿、赭、紫等为作画的主要彩色外，又加入金彩、蓝彩（钴蓝）、黑彩。康熙五彩瓷器色调强调富丽堂皇，又称为硬彩。五彩瓷器的品种有罐、瓶、笔筒、盘、碗等。花纹有锦绣、蕉叶纹、花、鸟、虫、鱼、蝶、人物故事等。其中以人物故事画艺术价值最高。画家们克服了在瓷器上作画的局限，合理布局，用彩出奇，画面宏伟。上海博物馆藏有一件康熙洒蓝釉描金五彩开光鸟纹瓶，高46.6厘米，代表了蓝釉和五彩的水平，描金则表现了皇家气派。

康熙时期制瓷业的另一重大贡献是粉彩的创造。粉彩是用铅粉掺入绘瓷色料在烧好的瓷器上作画，颜色鲜明，有阴阳向背、浓淡厚薄之分。画好以后再入窑烘彩。烧成的粉彩瓷器颜色柔和淡雅，画面层次分明，富有立体感。内容多为花鸟虫蝶，形态写实逼真。粉彩瓷器以雍正时期制作的最为精良，乾隆以后更为流行，虽装饰华贵，但不如雍正粉彩高雅。

康熙时期又出现了新的产品——珐琅彩瓷器，也叫瓷胎画珐琅。这种瓷器接受了欧洲装饰技巧的某些影响。先从景德镇官窑场里烧制的白瓷中，挑选质量最好的送到皇宫造办处，由御用画师，或聘请欧洲画师，用油画技法作画，然后再次入窑焙烧，艺术效果极佳。清代白瓷的高度成就和西洋绘画艺术的结合，使这种瓷器的制作达到了前所未有的水平。

珐琅彩瓷器装饰内容有花鸟、人物等中国传统题材，最常见的花卉有月季、天竹、蜡梅、兰花等。人物有神童、仙女，还有西方的天使、美人、婴儿等。

斗彩瓷器在明代多施于小型器物，如盏、杯之类。到清代，品种、产量和艺术水平都大大提高了，往往把釉下青花、釉上五彩、粉彩巧妙地结合起来。作画时采用渲染烘托的技法，绘制各种团花、折枝花、卷叶等。花纹布局严谨，讲究对称，富有图案效果。一般生活用瓷已广泛使用斗彩装饰。如清雍正年制斗彩三多纹碗（一对），口径7.1厘米，碗形周正，釉质洁净。碗内壁光素无纹，碗心绘有一折枝牡丹，碗外壁绘折枝佛手、桃、荔枝纹，寓意"三多"，即多福、多寿、多子。纹饰以青花绘轮廓，再用釉上红、绿、黄等彩填色，层次丰富。

清雍正斗彩三多纹碗

景德镇窑创烧的许多著名

釉上彩和釉下彩品种，在中国陶瓷史上有着举足轻重的地位。其烧造的瓷器畅销海内外，对于中外文化交流做出了重要贡献。

## 德化窑

德化窑是南方著名的古代民窑，因地处福建省德化县而得名，是福建沿海地区古外销瓷重要产地之一。德化以烧制白釉瓷器闻名于世。此地所产的白瓷，瓷质优良，洁白如玉，胎骨细密，透光度好，釉面晶莹光亮，具有透明感，享有"中国白""象牙白""奶油白""中国瓷器之上品"等美称。种类以瓶、罐、杯、盘等日用瓷器为主，兼有雕塑艺术的陈设瓷器，多用贴花、印花、堆花作装饰。德化瓷器中以白瓷塑佛像最为精彩，佛像制作细腻，雕刻精美，造型生动传神。

德化瓷器始于宋代，距今已有一千余年的历史，这时主要以烧造青白瓷为主。器物以盒、洗居多，碗、盘、壶、瓶次之。造型多种多样，如盒有大小、八角、瓜棱、圆形之分，盒盖上印有折枝花卉，纹样相当丰富，有鱼、鸟、莲荷、芦苇、葵花、团花、宝相花、树叶、卷云、串珠、动物等数十种。洗为直口蔗段式或敞口凸底，内部多印有花纹。

宋代德化窑有一种"军持"造型较为特殊，有的带把，颈部较高，便于提携。这种器物在当时销往海外东南亚国家较多，国内也有不少遗存，本是印度佛教所用之物。唐朝僧人玄应编写的《一切经音义》中解释说："军持，正言捃稚迦，此译云瓶也，谓双口澡罐也。"其他文献也讲到是铜瓶，唐朝僧人义净著《南海寄归内法传》还进一步解释说："凡水分净触，瓶有二枚。净者咸用瓦瓷，触者任兼铜铁。"由此可见，"军持"是佛教徒用来净手或饮水的器物。

到了南宋，青白瓷花纹比较简单，有的只用竹篦随意划上几道，不如北宋作品之繁密华缛。这些器物多是灰胎，外壁下多露胎，垂釉处因釉层厚积而呈褐色，均属于粗劣之物。南宋瓷中除存白瓷外，尚有青釉、灰釉、赭釉、褐黄釉、黑釉瓷器。如在盖德窑址就出土了黑釉兔毫碗和白口黑釉碗。

明代（1368—1644年）时，德化窑工匠经过长期实践，大胆创新，烧制成功了独特风格的建白瓷器，其制作之精美，格调之高雅，达到了德化窑工艺技术成就的高峰。

这一时期德化白瓷，从外部观察瓷的胎骨，呈现细腻洁净的白色，往往带有颗粒珍珠般的闪光，俗称"糯米胎"，敲击时发出清脆叮咚的金属声。胎体致密，玻璃相较多，透光度良好，在日光或灯光照耀下可映见指影。釉水的质地坚韧莹润，素净淡雅，如脂似玉，给人以温柔的美感享受。仔细观察，又可分为两种情形：一种是白微闪黄的乳白色，又称猪油白、象牙白、鹅绒白；一种是白隐现肉红色，称孩儿红、肉里红、美人红。前者比较普遍，后者则罕见，这两种釉色，都是德化窑独创的，一般瓷器无法超越。

明代是德化瓷业史上雕塑工艺最为兴旺的时期，民间的能工巧匠如何朝宗、张寿山、陈伟、林朝景等人，吸收泥塑木雕等传统技艺，师古而不泥古，善于应用瓷器胎釉的质感特点，精心烧制各种形象的道释人物，无论是造型神态还是细部线条处理都刻画细腻、表现逼真，达到了高度的艺术水平。尤其是何朝宗雕塑如来、观音、达摩等佛像人物，体态丰盈，面庞俊美，神情慈祥静穆，衣纹深秀洗练，线条潇洒流畅，动静相乘，形神兼备，既保存着神秘奥妙的宗教色彩，又蕴含着美好、健康、幸福的意境。

泉州市文管会收藏的一尊何朝宗塑渡海观音，通高46厘米，底座宽14厘米，通体呈象牙白色。釉水乳白，温润如脂，背部刻有方形篆字"何朝宗印"印章。观音面庞呈椭圆形，额缀一珠，头顶盘髻，自然大方地站在海浪之上，仿佛在踏浪渡海而行，形象逼真，

何朝宗塑渡海观音

栩栩如生。整体造型清秀素雅，雍容大度，和蔼可亲。

清代德化瓷器的烧制工艺进一步发展，仿犀角杯酒盏曾风行一时，但少有佳品。德化窑产品瓷性较脆，不经碰撞。因此，德化窑的制作，只能在陈设品方面发展，传世器物以香炉为多、为精，仿犀角杯最劣。

另外，德化窑虽以烧白瓷出名，也烧造少量青花瓷器和彩绘瓷，但其产品主要是以纯白瓷著称。其他如仿古铜器和箫笛一类的瓷制乐器，也十分精美。

德化窑产品在历史上主要走外销路线，因此国内所见不多。德化窑在大量吸收中国其他窑场经验的基础上，根据国外客户的需求烧制了不少带有欧美风格的定制瓷器，是中国窑场中受海外风格影响最大的瓷窑。

除此之外，汝窑、哥窑、磁州窑、吉州窑、耀州窑、龙泉窑等名窑也相继迅速发展起来，丰富了中国的瓷器制造业，使瓷器的品种更加多样化，也在很大程度上给人们的生活增添了诗意和情趣。

# 第八章 瓷器之国

中国是最早发明瓷器的国家。瓷器发明以后，大约在汉、唐时期，中国的瓷器通过丝绸之路就已经流传到阿拉伯国家、非洲的埃及以及罗马帝国。14世纪，中国瓷器又传到欧洲、美洲等。精美的中国瓷器，博得了世界各国人民的称赞。中国因此博得了"瓷国"的称誉。

## 瓷器贸易

隋唐以前，中国瓷器外销不仅没有记录，在国外也没有实物发现。外销瓷究竟始于何时，现在无从考证。西方早在几千年前就知道中国的存在。中世纪的时候知道中国瓷器，并用中国没有的原材料交换瓷器。那时候并不是直接从中国人手中交易，而是辗转经过了多国商人之手。

到了唐代，由于中国本身的政治一统，经济繁荣，与世界各地的交往更加密切。西域的胡人大批来到中国，开展贸易，传播技术。日本开始向中国派出遣唐使，吸取中国的文化和技术。这个时期中国与外界交往的路线除了传统的路上丝绸之路，又开通了海上的交通路线。也正是这个时期，陶瓷作

为主要的对外贸易商品，登上了历史舞台。

汉唐时期，中国经丝绸之路把瓷器运往国外。宋、元时期中国的瓷器交易主要通过海外贸易。全国各窑口的瓷器通过水陆联运，转长江出海，到宁波、泉州，或由闽江水系出海到福州、泉州、厦门；或由珠江水系到广州、澳门，经东海到日本、北美；经南海到东南亚，绕马六甲海峡西达非洲、欧洲；海路主要是舟船、商舶，运量大，不易碎，成为关税的主要来源。以海运为特征，瓷器之路逐渐形成。

唐宋以来，随着对外经济往来的扩大，中国瓷器销往全世界。由于中国瓷器经济耐用，制作精致，收到普遍的赞赏与欢迎。

中国瓷器的外销只有两条途径，一是陆路，一是海路。陆路即所谓的"丝绸之路"，这条路至汉代已经存在，它以长安（今西安）为出发点，向东可延伸至朝鲜、日本；向西出河西走廊，经天山南北两路跨葱岭可到中亚地区，再向西可到西亚阿拉伯地区乃至地中海东岸和东北非洲的埃及；向南从云南过横断山脉可至缅甸、泰国以及中南半岛和印巴次大陆。海路主要是从中国长江以南诸港口出海，向东到日本，东南到菲律宾群岛，向南经南中国海可到中南半岛、南洋群岛，再向西经过马六甲海峡可至印度洋，航行可达印度、阿拉伯地区直至非洲东海岸。这条海路就是著名的"海上丝绸之路"，又因其载货多为瓷器，也称"陶瓷之路"。

陆路开始于很遥远的年代，中国与西方的贸易至少远到古希腊、罗马地区。随着罗马帝国的消亡，即中国汉代以后，奥斯曼帝国堵住了欧洲通往中国的要道，陆地贸易线路只到西亚一带。

海上贸易一直比较兴旺，航程已能达非洲各国。到日本、朝鲜半岛、南海沿岸的国家及波斯湾的阿拉伯港口城市，也多是从海上运送货物。1974年，在宁波余姚的唐代出海口附近发现一艘沉船，内有几百件越窑青瓷、长沙窑褐彩和黑釉瓷器。同时，还发现一块方形瓷块。上有"乾宁五年"（898年）刻款，与瓷器的年代相符，证明这是一艘唐代的船。唐代由海上去日本等地多从宁波出海。在日本筑野市大门出土的一件青瓷壶与宁波沉船上的青瓷一样，属于同一地区的产品。

市舶也就是海外贸易。唐代起，中国政府相继在广州、明州（宁波）、泉州等地设置市舶司，管理对外贸易。明州是唐代起对日贸易往来的主要港口。唐代商人李邻德在842年（唐会昌二年）冒风浪之险由明州启航驶往日本，这是中国民间对日本贸易的最早记载。从那以后，年年增多，日本称作"唐商"或"宋客商"的中国商船，仅在9—12世纪间驶往日本北九州港口的就有百余次之多。

同时在唐代也有许多中国商人到海外经商。在出口的商品中除了丝织品，瓷器已成为大宗商品。由于其利润巨大，自唐朝市舶司成立以来的千余年里，贪渎成风，屡禁不止。管理市舶的官职叫"市舶使"，多为宦官担任，初时官阶不高，但权力很大，实际上代表皇帝行使管理海外贸易的权力。市舶司主要负责登记、检验货物、收纳关税。

到了五代，商人蒋承勋、蒋衮等人多次来往于中日两国之间。947年，吴越王钱佐委托商人蒋衮把一批包括越窑青瓷在内的土特产和信件带往日本，送给有关官员。954年，钱弘俶委派商人蒋承勋代表吴越国，致书并馈赠礼物给日本政府。到了1105年（宋崇宁四年），由明州启航的泉州客人李充的商船，装载了"瓷碗二百床（碗每床为20件），瓷碟一百床（碟每床为50件）"去日本，这虽然是现存唯一的瓷器贸易记载，但往来中日之间的商船都毫无例外地装载了瓷器。

宋元时期海外贸易用瓷数量激增，仅靠龙泉、景德镇等窑场远远不能满足需要。另外，瓷器在远销过程中容易破碎，为避免陆路运输过程中的损失以降低成本，入宋以后，随着造船业的发展和航海技术的提高，沿海地区外销瓷窑场应运而生，广州、泉州、宁波等地纷纷设立瓷窑，尤以泉州最为集中。

1517年，葡萄牙商船第一次驶入广州港，成为欧洲第一个同中国进行直接贸易的国家。1604年，荷兰人掳掠了一艘葡萄牙商船"卡特丽娜号"，把船上装的30多吨瓷器，在阿姆斯特丹拍卖，轰动了欧洲。法皇亨利四世买了一套极其精致的餐具，英国国王詹姆斯一世也买了一些瓷器。荷兰东印度公司因此获得厚利，并从此从中国贩回瓷器，接着欧洲各国商人便开始大量输入中国瓷器。

到18世纪后期，又出现了一种新的贸易方法，即把中国烧制的样盘装在"样箱"里运到欧洲。样盘边框的彩饰成四等分或八等分，每一部分都绘有不同的彩饰。这充分说明，中国的瓷器贸易在原有的基础上又有了新的发展。

## 中国制瓷技术的外传

汉唐以来，随着海外交通贸易的发展和中外文化交流的进行，中国的瓷器也输出到世界各国，并受到各国人民的欢迎。在瓷器外销的同时，中国瓷器制作技术也不断向外传播，从而促进了各国陶瓷业的发展。

早在唐代，中国唐三彩的制作技术就传播到海外。日本在奈良时代（710—794年）就引入中国的烧窑技术，模仿唐三彩烧制出精美的奈良三彩。那时，日本派往中国的遣唐使主要学习唐朝先进的文化及技术，同时大批留学生和从事专门技艺的人才，在中国也学习各种手工艺制作。这些日本人在中国学习，有的一年半载，也有的数十年，学成之后带着一身绝技回到日本广泛传播。奈良三彩就是由在中国学习的工匠将唐三彩的一整套制作工艺，包括釉药的成分、比例及配釉的方法等，带回日本后烧制的。至今奈良的正仓院还保存着许多奈良三彩。

在17世纪的越南李朝，也曾仿造过唐三彩，这个阶段，越南瓷器已经烧造成熟，如越南三彩公鸡水罐，但三彩技术还是掌握得不够好，色彩搭配不够浑然一体，造型不够准确。

唐三彩传入埃及后，埃及陶工便仿制了质量极佳的埃及三彩釉陶。埃及仿造中国的陶瓷的风气也影响到波斯，因而，波斯也仿造出独具风格的波斯三彩。

宋元时期是中国陶瓷外销的兴盛时期。世界各国全面引入中国的制瓷技术，广泛仿造中国的瓷器。最早学会中国制瓷技术的是朝鲜。朝鲜受中国青瓷的影响较深，918年在康津设窑，成功地烧制出了瓷器。文献记载称朝鲜青瓷有"高丽秘色"。由此可见朝鲜青瓷的质量是很好的。

根据文献记载，南宋嘉定十六年（1223年），日本山城人加藤四郎随道元禅师到中国浙江和福建学习制瓷技术，5年后归国，在尾张濑户烧制黑釉瓷器成功。日本人称黑釉瓷器为"濑户物"，即源于此。加藤四郎由于这一功绩，被日本人尊奉为"陶祖"。

唐宋及其以后，中国制瓷技术也传到越南、泰国和菲律宾等国。传说在795年，有唐代陶瓷工匠10人到泰国传授制瓷技术。1294年和1300年，暹罗国王两次到大都（今北京）进谒元朝皇帝，回国时招聘了一批磁州窑陶瓷工匠携带家属同往。根据泰国传世的瓷器分析，泰国的青釉瓷占绝大多数，近似元代龙泉青瓷；白地黑花瓷，近似宋、元磁州窑风格；青花瓷则明显地近似景德镇明初青花瓷。因此，泰国在宋、元之际学会了制瓷技术是可以肯定的。

宋元间，中国的制瓷技术也传播到菲律宾，使菲律宾学会中国的制瓷技术，并且一直流传到现在。

元代以后，越南曾聘请中国技师传授制瓷技术，他们所制造的青花瓷器，既有中国的韵味，又有越南民族风格。

明代以后，随着郑和下西洋及海外交通贸易的发展，出国的人日益增多，其中有不少陶瓷工匠，这样也就把陶瓷工艺和先进的制瓷技术带到东南亚各国了。

康熙时期，中国制瓷业开始走上顶峰，欧美、亚非各国及澳大利亚商人在中国购买大量瓷器，返销本地，取得巨大的商业利益。沙俄也开始在中国定烧各种瓷器。与此同时，欧洲派人潜心钻研中国的制瓷技术，并开发本国的瓷石、瓷土，仿制中国瓷器，就地产销。

欧洲最早批量生产中国瓷器的是荷兰。明代中叶，荷兰首先购进大批瓷器销往欧洲各国，由于取得了丰厚的商业利润，刺激本国实业家投资办厂。于是在1600年前后，荷兰率先办起了代尔夫特窑，仿制中国的青花瓷。1627年，意大利比萨城人制成软质青花瓷器，以后积极模制青花瓷器。1680年，法国鲁昂窑仿制青花瓷器。1708年，德国迈森人伯特格制瓷成功，并能仿制中国的白瓷、红瓷、宜兴窑器。1717年，德国迈森窑生产中国的彩瓷。1750年，英国人也发现了本国的瓷土，开始烧制仿中国瓷器，主要是中国的建窑器。1759年，西班牙人从意大利带回了瓷土标本和技术工人，在本国设立瓷场，名曰萨斯州缠枝花纹瓶，都属于登封窑的代表作，其他各窑枕类产量较大，传世较多。

总之，世界各国瓷器的产生与发展，无不受到中国制瓷技术的影响。

## 瓷器国宝的"回归"

瓷器是中国人伟大的发明和创举，中国的瓷器传遍了全世界，也征服了所有人的心，以至于China在英语中既是中国又是瓷器的意思。

中国是瓷器的发源地和生产大国。东南亚南洋诸国乃至西方一些国家，长期以来瓷器来源几乎全部依靠中国进口。中国瓷器制作之精良，工艺之考究，品类之丰富，常常令一些外国藏家大为赞叹，爱不释手。

众所周知，由于清朝统治者的故步自封和腐败无能，外国侵略者纷纷走上侵略中国的道路。1860年，第二次鸦片战争爆发。英法联军攻入北平，不久将圆明园洗劫一空后放火烧毁，这座举世闻名的皇家园林自此化为废墟，无数的中国国宝从此流失海外。

第二次世界大战，日本侵华。这是中国文物大量外流的高峰期。当时，国民党政府无论在财力上还是在管理上都比较弱，博物馆、考古工作都处于比较初级的阶段，普通民众对文物的保护也没有任何意识，大量国宝就这样被专门去民间搜罗的古董商低价买走，然后高价卖往国外。

新中国成立的同时，一场迎接国宝归来的工作迅速展开。当时，郑振铎刚当上文化部文物管理局局长，就听说新中国成立前国内的收藏家收藏了众多国宝级文物，在刚解放时的香港市面上高价出售。他忧心如焚，当即决定上报政务院。经周恩来的专门批示，政务院决定从国家总预备费中拨出专款，用于在香港抢救文物，并成立了"收购小组"，这就是著名的"国宝大营救"。许多国宝级文物就是在那次"营救"中，几经辗转回到内地。

中国一直不遗余力地致力于"国宝回归"事业，政府也在很大程度上给予支持，越来越多的国宝瓷器被爱国人士"营救"回国。如1993年，国家文物局在英国伦敦设立了专门的办事处，以搜寻和征集散失海外的传世文物和出土文物。钱伟鹏作为首批专业人选派驻海外，为祖国找回了大批填缺空白的宝物。较著名的是2005年从海外征回的67件精美瓷器展品，时代上涵括了辽代、元代、明代、清代、民国各时期。其中包括清乾隆时期珍贵文物松石绿地青花矾红海水云龙纹扁瓶、辽代素三彩大元青花挥扇人物菱口盘、明早期青花缠枝花卉人物大罐、明崇祯青花人物故事筒瓶、明龙泉窑菱口刻花大盘、清康熙青花人物花觚、清雍正炉钧釉牺耳汉壶尊，另外还有民国粉彩花鸟荸荠瓶（金品卿款）等。通过这些有限的器物，我们可以领略中国瓷器从古朴大方的原始瓷到精美绝伦的彩瓷的发展脉络，从中领略到中国传统文化的巨大魅力。

在20世纪中叶，中国有很多爱国人士都在为文物的回归而努力。中国政府更是重视海外流失文物的回归，通过外交、法律、回购等多种途径，一直在不懈地努力着，且取得了令人瞩目的成效。2000年，一批被八国联军从广州劫掠的瓷器从新西兰追索回国。2008年海南省博物馆开馆前夕，国家文物局已将宋青白釉花口凤首壶、唐三彩马等国家级珍贵文物入藏海南省博物馆。

值得欣慰的是，另一种瓷器国宝——外销瓷也逐渐成为中国爱国人士"追回"的目标。有的以个人名义捐献，有的则是以国家研究单位为组织进行大量的水下考古，从而将沉在海底的瓷器国宝发掘回国。

侨居新加坡的韩槐准先生，就以毕生精力搜集中国外销瓷器。1934年韩先生到文莱，遍访当地土著之家，从中收购了第一批中国古代外销瓷，从而引起他收集、研究中国外销瓷的兴趣，逐渐成为著名的瓷器收藏家。

这类外销瓷器往往在国内烧成后即出门，绝大多数专门销往南洋，国内遗存反而不多。韩先生目睹中国古瓷器的流失，痛心疾首。他认为"此类遗留南洋群岛的中国文化遗物，竟被外人搜刮而去，而中国几无所有，似亦为中国家之一玷"，于是四处奔走，变卖家产，以一人之力，尽量收购。

1956年，韩槐准先生委托新加坡中国银行致函故宫博物院，愿捐出自己全部藏瓷，而且不附带任何条件。他在函中表示："因北京为中国学术中心，或可为学者研究之一助。"从1956年起到

1962年，先生陆续将所藏宋、元、明龙泉窑及明清青花、五彩等行销国内外的瓷器总计276件全部捐献祖国。这批瓷器中，有不少为外销瓷中的精品。其中以青花居多，包括明代嘉靖、万历年间的外销瓷，清代康熙、雍正时期的青花五彩及粉彩器皿。有几件青花大盘，上绘花草，线条简洁有力，部分图案带有明显的西方风格。所捐献的大、小"军持"，长颈鼓腹，腹上有半截葫芦形嘴。此种造型，国内颇为少有。其中一件青花大罐，曾长期为新加坡莱佛士博物馆借用展出。先生决定将其献给故宫，前往索取时，该馆愿意出重金高价收购，韩先生毅然回绝。这类瓷器为国内鲜见，充实了故宫博物院瓷器收藏品中的缺门，对研究外销瓷有重大价值。

中国水下考古事业自1987年起步，经历近30年的发展历程，在此期间做了大量的水下考古调查工作，并对一些重要的水下历史文化遗址进行了成功抢救性水下考古发掘，取得了一批重要的考古发现和大量珍贵的水下文物资料。这些考古实物资料中的大部分是中国外销瓷，从而为研究当时海上丝绸之路的形成、发展、历史意义，以及中国陶瓷史，提供了非常重要的考古实物依据和参考。

这些发掘包括1990年春开始对福建连江定海"白礁一号"沉船遗址的发掘；1998年底至1999年初，中国国家博物馆水下考古研究中心在西沙群岛的华光礁对"华光礁一号"沉船遗址进行发掘；1987年开始在广东台山县川山群岛附近对"南海一号"沉船遗址的发掘；2007年对位于平潭大练岛西南的元代沉船遗址的发掘；2005年开始的对福建平潭"碗礁一号"沉船遗址的发掘以及其他沿海沉船遗址的发掘。

通过对以上遗址的水下考古，考古队发掘出大量各代民窑制造外销瓷器珍品，其数量之大、瓷器之精，令人叹为观止，其中还有大量被定为国家一级国宝、国家二级国宝。以"南海一号"沉船遗址的发掘为例，目前已出水2 000多件完整瓷器，汇集了德化窑、磁州窑、景德镇、龙泉窑等宋代著名窑口的陶瓷精品，品种超过30种，多数可定为国家一级、二级文物。出水瓷器带有明显的异域风格，被认为是宋代接受海外订货"来样加工"的产品。例如棱角分明的酒壶、有着喇叭口的大瓷碗，都具有浓郁的阿拉伯风情。

这些外销瓷的出水，成为研究中国陶瓷史、海上交通史以及东西方经济、文化交流的重要资料。

## 瓷器之"饮食文化"

在世界光辉灿烂的饮食文化中，中国饮食文化堪称世界之最。早在5 000年前，江南人就用大米做粥、制糕；周朝的杜康已开始酿酒；西汉时，祖先就已用石磨磨小麦和加工面饼，并已有豆腐的生产；五代时豆腐已成为日常食品。谷物酿酒，大约源于有了农业之后不久的新石器时代，到了商代，已相当普遍；秦汉以前，就有酱生产；中国的烹调技术起源于新石器时期，那时人们逐渐从色、香、味、形诸方面全面追求。随着瓷器烧造技术的提高和普及，到唐宋时期，上至王公贵族，下至平民百姓，所使用的餐具主要就是瓷器，中国的餐具进入了瓷器时代，并一直延续至今。

就瓷器的种类而言，隋唐时既有瓷碗、瓷水盂、瓷杯、瓷盘、瓷羽觞、瓷壶，还有瓷瓶、瓷罐、瓷尊、瓷钵、瓷托盏等等，可以说饮食所用的瓷制器皿基本上都具备了。及至宋代，中国的瓷器有了突飞猛进的发展，主要表现在彩釉和花纹的刻绘方面，即使用氧化铜造出红色釉，并创造出青、红等各色光润鲜艳的釉彩，如两面彩、釉里青、釉里红等等，都是宋代瓷器的特色。在装饰方面，中国劳动人民创造出面花、绣花、印花等各种刻画花纹的方法，其制作技巧已发展到相当高的水平。这一时期著名的瓷器按产地分，主要有河北定州的定器，河南汝州的汝器，福建建安（今建瓯）的建器，浙江象山的象器，江西景德镇的饶器等，其特点各有千秋。

中国制瓷技术领先于世界其他国家达1 000多年之久，在质量上乘和大量生产的前提下，使中国人民最早享用了物美价廉又卫生清洁的装盛食品的器皿。由于瓷器具有不吸收水分，不与食物起化学反应，表面光滑，病菌不易黏附繁殖，又不会生锈腐朽等特点，受到人们的普遍喜爱。

日常必需的瓷制食器由古代的陶制食器演变而来，并随着朝代的推进不断改进。食器中最大宗的莫过于碗，可再分为平底、折腹、璧形底、撇口、荷叶口、海棠口、四出口、八出口、金（银）扣口、圈足、翻口、高圈足、葵瓣口、斗笠形、瓜棱腹、扇形、莲蓬、折腰、敛口、墩式、鸡心、卧足、高柄、草帽、脱胎、素胎、菊瓣、莲花、带盖、"孔明"（双层，可能是祭器）等多种形式，有些含有明显的时代风格。食器中还有钵、盏（有些盏为茶具，有的为灯具）等，也有多种样式。

瓷制食器包括盛器和饮器。盛器用于盛放食品，但不像碗、钵等直接遇口。其中包括簋、豆、盘、碟、盂等。簋，用在西周、东周时期，有原始青瓷簋，深腹圈足。豆，原始青瓷豆始见于商代，至两周盛行，有假腹、粗把、碗形等形式。东汉时有簋形豆，两晋时有细把豆，明代烧制过球腹豆。盘，有翻唇、坦口、葵口、模压、海棠花式长形、折沿、菱口、脱胎、收口、撇口、高足等各式，盘的大小有很大区别。碟，有花口、无沿、三角、方形、折腰等多种形式，碟明显小于盘。桶，是一种分格盛放细点、果品的用具，有方形、圆形二式，带盖或者无盖，又称为果盒、分格盘、格子盘、多子盒等。盂，作为盛食物的盂，有四盂、高足盂、平底盂等。

瓷制饮器具包括酒具、茶具。瓷器始于东汉前后。与陶器相比，不管是酿造酒具还是盛酒饮酒器具，瓷器的性能都超过陶器。唐代的酒杯形体比过去要小得多，故有人认为唐代就有蒸馏酒。唐代出现了桌子，也出现了一些适于在桌上使用的酒具。如注子，唐人称为"偏提"，其形状犹如今日的酒壶，有喙有柄，既能盛酒，又能将酒注入酒杯中，因而取代了以前的樽、勺。

宋代是瓷器生产的鼎盛时期，有不少精美瓷器。宋代人喜欢将黄酒温热后饮用，故发明了注子和酒碗的配套组合。使用时，将盛酒的注子置于注碗中，往注碗中注入流水，可以温酒。瓷制酒器，一直沿用至今。明代的瓷制酒器以青花、斗彩、祭红酒器最具特色。清代的瓷制酒器则是以具有清代特色的珐琅彩、素三彩、青花玲珑瓷及各种仿古制品为主。

瓷器是中国古代劳动人民最伟大的发明之一，东汉晚期，古人就掌握了烧制瓷器的技术。随着瓷器的兴起，茶具也渐渐往瓷质方面发展。茶具是指泡饮茶叶的专门器具，包括壶、碗、杯、盘、托等。

作为人们日常必需的饮食器皿的碗，起源于新石器时代的陶制碗，后来瓷碗基本上取代了陶碗，成为最常见的饮食器具，器形基本上与当今的碗相差无几，即口大深腹，高度一般为口沿直径的二分之一，平底或圆底，实足或圈足，多为圆形，极少方形。不断变化的只是质料、工艺水平和装饰手段。据考古发现和史料记载，最早的瓷碗是原始的青瓷制品，基本器形为大口深腹平底，使用于商周至春秋战国时期。以后随着时代的演进、制瓷工艺的逐步改善以及人们的审美和实用要求的提高，碗的器形、纹饰、质量也越来越精巧，使用分工也越来越具体多样，如饭碗、汤碗、菜碗、茶碗等。

不同时期的瓷碗，其器形、釉色和纹饰是有着明显差别的。唐以前的碗，其形多为直口，平底，施釉不到底，基本无纹饰。唐代的碗形较多，有直口、撇口、葵口等，口沿突有唇边，多为平底、玉璧底及环条形底，施釉接近底部，精致的产品施满釉，有简单的划花装饰出现。五代时，以玉环形浅圈足为主，此时，越窑的圈足最优美。宋代的碗形多为斗笠式、草帽式，大口沿，小圈足，圈足直径大小差不多是口沿的三分之一。釉色多为单色,如影青、黑、酱、白等,纹饰用刻、画、印等手法,将婴戏、动物、植物形象绘在碗的内外壁或内底心上。南宋时,足壁通常较高或较窄。元代的碗形与宋代相比,突出表现为高大厚重,圈足多为内斜多撇,断面呈八字形,多采用印花、刻花装饰。明清的碗足以较高较薄的直墙圈足为多见。精品的碗足,足里墙呈内弓形的弧壁,部分足脊为滚圆的"泥鳅背"式,此现象在明嘉靖、万历年间已出现,至清代更为普遍。

从古至今,杯一般都是用来饮水、饮酒或饮茶的日常用具。其基本器形大多是直口或敞口,口沿直径与杯高近乎相等,有平底、匮足或高足。战国至汉代出现了原始青瓷杯,其中汉代的椭圆形、浅腹、长沿旁有扁耳的杯最具代表性。隋代杯多是直口、饼底的青釉小杯。唐代还流行盘与数只小杯结合成套的饮具。宋元时期的杯多直口、浅腹,圈足或高足,高足底为喇叭状。宋杯多以釉色取胜,如龙泉窑及官、哥、汝、钧各窑的制品,其中磁州窑釉下黑彩装饰颇为鲜明。元杯胎种厚重,杯内心常印有小花草为饰。明清时期制杯最为精致,胎质轻薄,釉色温润,色彩艳丽,造型多样。明代有著名的永乐压手杯、成化斗彩高足杯、鸡缸杯等,其中高足杯多见于明代中早期。清代杯多直口,深腹,腹部有把或无把,还有带盖或无盖的分别,装饰手法丰富多样,有青花、五彩、粉彩及各种单色釉。

中国茶具最早以陶器为主。瓷器茶具产生于陶器之后,瓷器发明之后,陶质茶具就逐渐为瓷器茶具所取代。瓷器茶具的品种很多,主要有青瓷茶具、白瓷茶具、黑瓷茶具和彩瓷茶具。

青瓷主要产地在浙江、四川,青瓷茶具除具有瓷器茶具的众多优点外,因其色泽青翠,用来冲泡绿茶,更有益汤色之美。青瓷以瓷质细腻、线条流畅、造型优美、釉层饱满而著称,以浙江省龙泉青瓷茶具最为有名。青瓷茶具自晋代开始发展,至宋朝时达到了鼎盛时期，生产出各类青瓷茶具，包括茶壶、茶碗、茶盏、茶杯、茶盘等。

白瓷茶具有坯质致密透明，上釉、成陶温度高，无吸水性，音清而韵长等特点。因色泽洁白，能反映出茶汤色泽，传热、保温性能适中，加之造型各异，堪称茶具中的珍品。

白瓷茶具以色白如玉而得名，历史上以江西景德镇的产品最为著名。白瓷，早在唐代就有"假玉器"之称。北宋时，景德镇生产的瓷器，质薄光润，白里泛青，雅致悦目，并有影青刻花、印花和褐色点彩装饰。到元代发展了青花瓷茶具，幽静典雅，远销海外。

黑瓷茶具，始于晚唐，鼎盛于元，衰微于明、清。这是因为自宋代开始，饮茶方法已由唐时煎茶法改变为点茶法，而宋代流行的斗茶，又为黑瓷茶具的崛起创造了条件。宋人衡量斗茶的效果，一看茶面汤花色泽和均匀度，以"鲜白"为先；二看汤花与

白瓷茶具

茶盏相接处水痕的有无和出现的迟早,以"盏无水痕"为上。正如宋代祝穆在《方舆胜览》中说的"茶色白,入黑盏,其痕易验"。所以,宋代的黑瓷茶盏,成了瓷器茶具中的最大品种。福建建窑、江西吉州窑、山西榆次窑等,都大量生产黑瓷茶具,成为黑瓷茶具的主要产地。

彩色茶具的品种差异很大,其中尤以青花瓷茶具最引人注目。青花瓷茶具,其实是指以氧化钴为呈色剂,在瓷胎上直接描绘图案纹饰,再涂上一层透明釉,而后在窑内经 1 300 ℃左右高温还原烧制而成的器具。然而,对"青花"色泽中"青"的理解,古今亦有所不同。古人将黑、蓝、青、绿等诸色统称为"青",故青花的含义比今天要广。它的特点是:花纹蓝白相映成趣,有赏心悦目之感;色彩淡雅,幽静可人,有华而不艳之力。加之彩料之上涂釉,显得滋润明亮,更平添了青花茶具的魅力。

直到元代中后期,青花瓷茶具才开始成批生产,特别是景德镇,成了中国青花瓷茶具的主要生产地。由于青花瓷茶具绘画工艺水平高,特别是将中国传统绘画技法运用在瓷器上,因此这也可以说是元代绘画的一大成就。元代以后除景德镇生产青花茶具外,还有云南的玉溪、建水等地,但大都没有景德镇的成就高。明代景德镇生产的青花瓷茶具品种越来越多,质量越来越好,成为其他生产青花茶具窑厂模仿的对象。清代,特别是康熙、雍正、乾隆时期,青花瓷茶具又进入了一个历史高峰,它超越前朝,影响后世。

纵观明清时期,由于制瓷技术提高,社会经济发展,对外出口扩大,以及饮茶方法改变,都促使青花茶具获得了迅猛的发展。当时除景德镇生产青花茶具外,较有影响的还有江西的吉安、乐平,广东的潮州、揭阳,云南的玉溪等地。此外,全国还有许多地方生产"土青花"茶具,在一定区域内,供民间饮茶使用。

## 瓷器之书画艺术

瓷器的书画艺术分为瓷器上的书法艺术和绘画艺术。瓷器书法作品,是指以书法为瓷器装饰主体的作品。它是以原材料瓷器为载体,以书法为其主要艺术形式,在一定的温度条件下经化学反应而成的瓷器艺术品。

瓷器上的文字泛称款识,可划分为两大类型。一类是标记性的,如纪年款、商号款、堂名款、匠作款等,虽然也具有一定的装饰作用,但其主要功能仍属标记的范畴。另一类是装饰性的,如吉祥语、赞颂语、诗文、联句等,或是错落有致的书写,或构成图案化的画面,从而成为美化瓷器的一种艺术形式,与瓷器的绘画、施釉、上彩等装饰技法具有异曲同工之妙。

最早见到铭有文字的瓷器实物是在三国魏晋时期,故宫博物院收藏的吴永安三年铭青瓷谷仓上刻有24字,上海博物馆收藏的一件西晋会稽铭青瓷谷仓亦有铭文,二者均使用的是带有明显隶意的楷书字体,反映了隶楷过渡时期的风格特征。

唐代以前的瓷器上的装饰文字至今少见,原因是那时瓷器尚处于陶与瓷的过渡时期,出土瓷器较少;另外,瓷器上铭题文字进行装饰美化这一手段要到唐代长沙窑创烧以后才得以大量运用。唐代长沙窑瓷器上的装饰文字内容丰富,有字号广告、诗歌谚语等。以题写诗句为饰是长沙窑工匠的创造,极富有特色与新意。唐代长沙窑瓷器中的诗

吴永安三年铭青瓷谷仓

句,绝大部分书写在壶的正面,也有一部分书写在碟心和枕面的。除个别碟心不施釉外,绝大部分均为釉下酱色青瓷器。

宋代是中国瓷器发展史上的高峰阶段,在用文字与书法来对瓷器进行装饰方面有进一步的发展。宋代瓷器装饰文字的内容主要有记使用者及工名、字号广告、吉祥语词、箴言俗谚以及诗文词句等,是反映宋代生活的一面镜子。瓷器工匠巧妙地将瓷器作为载体,来表达喜怒哀乐的日常情感,从一个侧面展现了一个时期的社会状况和生活习俗。如耀州窑一件瓷瓶上所刻《瑞鹧鸪》就是一篇较为完整的词,整个词意显示了一种看破红尘、悠然超脱的心境。

宋辽金时期瓷器装饰文字的字体有楷书、行书、草书,辽代的篆书瓷枕可谓别具一格。辽和西夏的瓷器还出现了自己的文字:契丹文字和西夏文字。

元代瓷器装饰文字的内容和形式均是在宋代基础上的发展,宋代具有的书体以及铭题手法元代均有继承。除了楷、行、草等字体,元代龙泉窑、磁州窑等的瓷器上均出现了蒙古文字八思巴文。内容上除承续唐宋传统之外,又新增了当时流行的词曲内容,如《山坡羊》《满庭芳》等。

从明代开始,青花瓷、五彩瓷发展迅速,成为瓷器生产的主流产品,装饰手法与色彩更加多样化。瓷器文字到明代已蔚为大观,逐渐成熟起来。除了日臻完美的书法类为主装饰,瓷器文字装饰向图案化、符号化又迈出一大步,"福""寿""喜"等吉祥文字进一步符号化,并在瓷器上出现了图案性文字,例如"外"字。

整个清代的瓷器装饰,在继承明代基础上又有了进一步的发展与创新,人物、花鸟、吉祥图案以及用文字作装饰的题材大幅度增加,每个时期风格迥异,精彩纷呈。而文字装饰在清代已经成为瓷器装饰的不可或缺的一大重要题材与手段,字体各具特色,有篆、隶、楷、行、草等。另外,装饰文字进一步图案化、符号化,如"福""寿"

等字更加美观与成熟,在瓷器装饰中运用日益广泛。如康熙青花大瓶上的百寿、万寿篆字,起到独特的装饰效果。

总体来说,古代瓷器上的装饰文字,一是以书法类文字为主,不仅运用广泛,而且艺术性很高。从唐代长沙窑诗文装饰到清代诗书画印的融为一体,书法类文字题材的瓷器装饰手法日渐成熟,并在清代走到历史最高峰,对近现代产生巨大影响。二是图案化、符号化的文字装饰到明清时期运用得越来越广泛,文字内容主要是吉祥性的寓意文字,这与古代服饰、漆器等装饰的发展史是一致的。

纵观中国瓷器史,可以这样说,几乎所有的瓷器制品都离不开绘画艺术。从商朝原始青瓷到魏晋南北朝,越窑青瓷一统天下。唐邢窑白釉出现后,呈现出"南青北白"的瓷器格局。两晋青瓷盘口壶上出现点彩,唐长沙窑出现褐彩,宋朝汝官窑青釉把中国瓷器的单色釉发展到最高境界。元青花、明清官窑彩瓷,代表了中国瓷器彩绘艺术的成就。

严格意义上讲,在彩陶以前是没有绘画的,绘画是为了美化陶器而出现的。也可以说,中国原始绘画是从彩陶开始的。而古代彩陶就是中国原始绘画极为重要的遗迹,体现了当时绘画的艺术水平。

中国在瓷器上施以彩色的绘画,有写实画和图案画两种。考古中有大量的发现,如人面鱼图、鱼蟾蜍图、奔鹿图、鸬鹚叼鱼石斧图、舞蹈图和正倒人面图画等。

把绘画艺术运用到瓷器的装饰上,是唐代长沙窑的发明。长沙窑瓷器上的彩绘画有人物、山水、花鸟、走兽、虫鱼等等。通过绘画来装饰瓷器,增强了瓷器的美感。

到了宋代,在"兴文教、抑武事"的宽松文化政策下,进入统治机构的文人学士受到尊重和优待;儿童启蒙时即会学唱"天子重英豪,文章教尔曹;万般皆下品,唯有读书高"。瓷器生产在此生活氛围中有浓厚的文化基础。有古瓷窑的地方也有着优良的文化传统，制瓷工耳濡目染，将书画传统融入制瓷工艺。

磁州窑瓷器大量使用在胎上用笔作画的方法，烧成白釉釉下黑花瓷器，可以从笔触中充分发挥艺人的才能，这为后来绘瓷工艺由纯图案、写实过渡到半绘画和纯绘画的形式，开辟了一条瓷器装饰的新途径。

元代景德镇陶工在青花瓷的绘制上，吸收和运用了中国画的特点，结合瓷器器物的造型和制瓷工艺条件，形成了自己独特的国画水墨淋漓的艺术效果。元代青花瓷器的装饰画面，继承了早期的现实主义传统，注重从客观现实和自然界选取素材，而且其视野比宋代远为开阔。植物题材方面，除常见的牡丹、莲花、菊花外，还新增了灵芝、蕉叶、枣花、山茶、月季、浮萍、葡萄、蔷薇、西瓜等；动物题材方面，除了常见的鱼、雁、鹅、龙、凤，还出现了白鹤、麒麟、鹭鸶、狮子、海马、螳螂、异兽等。元代青花瓷还爱用戏曲故事作为装饰画面，如昭君出塞、蒙恬将军、周亚夫细柳营等。

明代绘画艺术，对绘瓷产生了很大的影响。很多瓷器花纹逐渐由经过变化加工的图案形式，转向讲求笔墨，以模仿名家手笔为能事，力求达到名画效果。明成化年间，民窑青花瓷器绘画多数较明初繁复，体现了时代特点。较有时代特征的纹饰有缠枝灵芝、蕃莲、牡丹或缠枝捧八宝纹，均匀地绘填短小的蔓草或卷叶，折枝花的花头画成螺旋纹，画葡萄一类藤本植物，藤成了弹簧状，湖石画成螺旋状，石旁画对称的花草或"三果"树，白描莲地纹以鳞次栉比的水浪为地，上绘白莲水藻，荷花对称，加并蒂莲。另外，以梵文为饰的宗教图案和草龙（龙身呈卷草状）、秋菊、三秋花卉、莲池等也是常见的题材。

万历民窑青花瓷在绘画纹样上，道教色彩题材占相当比例。这时纹饰较多趋向于写实手法，采用图画式构图，包括山水、人物、花卉、鸟禽、鱼虫、走兽、博古等题材。具有时代特征的纹饰有娃娃攀花枝、狮子穿花纹、锦纹开光等。常见的底心纹有花叶折枝果、折枝牡丹、花篮图、白兔等，用以补白的竹枝、折扇等为万历青花独有。

  清代，人们创造发明了粉彩。粉彩是采用国画中的没骨画法。它的特点是花叶、人物等不勾外轮廓线。画面的布局、章法、用笔、设色完全仿照国画的方法。清代，人们还受传统水墨画的启示，在瓷器上描绘出浓淡有别、层次分明的画面，这就是盛行于雍正、乾隆时期的墨彩瓷器。